JN072474

鉄道員という生き方

大日方樹

イースト新書Q

Q088

はじめに――鉄道員として何をしてきたのか

これまで、雑誌や書籍への寄稿や監修としてお手伝いをしたことはありましたが、今回、自身の名前で本を出版するお話をいただいた時に、「鉄道員として生きてきたことを書こう」と最初に思い浮かび、そう決めました。というより、それしか浮かんでこなかったのが本音ですが……。

ただ、これまでの人生を冷静に振り返ってみると、生まれた時から鉄道員という「血」が流れていた気がします。鉄道員に限らず、どのような仕事も実際に働くようになってからがいわゆる「職業」と言えるものですが、生まれた時からの経験などによってなんとなく生きる方向性が決まっていき、おぼろげながらこのような道へ進もうかと考えながら、その時々で出会った人々や経験などを通して成長します。そして目標を達成するために、この先どのような学びや経験をすべきか、漠然としながらも模索して次のステージへ進むのかと思います。その過程においてすべてが順調に進むわけではなく、どんな人でも苦い経験や悔しい経験を積み重ねてながら仕事をしていくかと思います。

本書では、鉄道員を単に一つの職業として紹介するだけでなく、実は可能性とやりがいに満ち溢れた仕事であることを紹介したいと思います。人々の生活になくてはならない公共輸送を担うことはもちろん、その裏ではたくさんの人々が支え合い、「安全」という最も大切な要素を維持する仕事であります。また、さまざまな関わり方によって、それぞれが「鉄道員」としての仕事ができるのも魅力の一つといえます。

2022年は、鉄道開業150年という節目の年でした。全国各地でさまざまな鉄道に関するイベントが開催され、私も仕事やプライベートで関わらせていただきましたが、その中で「鉄道員として生きることの素晴らしさ」を感じることとなりました。さまざまな人々と協力しながらゴールに向かって一緒に行動する。私の生活の中すべてに、必ずどこかに鉄道員の目線があることがわかりました。それが鉄道の魅力であり、自分自身の核になるものだと感じたからです。

私がお伝えする鉄道員としての経験は、世間一般の鉄道員の方々とは少々違った生き方かもしれません。現に、高校の教員が、今の仕事と異なる職業について書くわけですから、鉄道一筋の方々から見れば中途半端な者と言われても仕方ありません。ただ、鉄道員として生きた中で、これまで150年を積み重ねる鉄道の歴史と重ね合わせ、心のどこかに鉄道員の魂を持って生きてきたことをお伝えできればと思います。

これまで失敗もせず、順調な人生を歩んできました……と書きたいところですが、大きな失敗や後悔したことは多々あります。また、一見仕事とは何の関係もないような経験も、今となっては経験してよかったと思えたこともありました。

50年前の鉄道開業100年の時は、まだ都心にも蒸気汽関車が運転される一方で、時代の最先端であった新幹線が走る節目の年でした。そして、鉄道開業150年を越えた現在、自動運転やリニア新幹線の建設など進化を遂げる中、鉄道員として生きる上で、変わらないものと変わっていくものを私なりにお伝えしてまいります。そして、鉄道員として生きようと思ってくださるすべての方々に、一つでも参考になれば幸いです。

大日方樹

鉄道員という生き方●目次

3章 鉄道員の仕事

4章 鉄道員になるには

5章 これからの鉄道員

1章

幼少期から鉄道員になるまで

「丸ノ内線」色の自転車

私は東京都の新宿生まれで、幼少期は中野坂上に住んでいました。地下鉄丸の内線が近くに走っていて、祖父母が原宿に住んでいましたので、3歳くらいの頃には、遊びに行っていた記憶があります。おそらく親に連れて行かれたのだと思いますが、当時の丸ノ内線は赤い色で、白地にグレーで描かれた2本のウェーブが「サインウェーブ」と呼ばれており、丸ノ内線のトレードマークで私の心を奪ったデザインでした。

ある時、両親が自転車を買ってくれて、それをペンキで全部赤く塗ってくれたのです。私が電車好きだからと、丸ノ内線の色にしてくれたのでしょう。その赤い自転車に乗っている写真は今も残っています。また、雨の日は駅のコンコースで遊んだり、友達と電車ごっこをしていたのを覚えています。

その後、幼稚園に入る前に埼玉県に移りました。京浜東北線の蕨《わらび》という駅です。家の前には京浜東北線や高崎線などが走っていました。玄関を開ければ線路という立地で、そこで毎日、電車を見ている生活でした。その時代は改札で駅員さんが改札鋏というハサミで切符を切っており、改札鋏に憧れを持っていました。そのハサミの中古品を5歳のクリスマスプレゼントにもらったことをよく覚えています。蕨の駅にもよく行っていましたが、電車よりは、駅で働く人を見るのが好きでした。駅員さんや車掌さんに興味があり、話しかけたりもしていました。今思うと迷惑な子だったかと思いますが、優しく接してくれたことを覚えています。

また、原宿の祖父母は自営業を営んでおり、従業員の方の息子さんが、岩倉高校（岩倉高等学校）の出身だったのです。当時私は小学校1、2年生くらいで、その時、鉄道について学ぶことのできる岩倉高校の存在を初めて知りました。その息子さんに遊んでもらった時に、駅でのアルバイトや実習をした話を聞いていました。それもあって鉄道に親しみを持っていったのかもしれません。その方は、岩倉高校卒業後は当時の国鉄に入社しました。

1980年代は今と違って、鉄道が好きな子はそれほど多くはありませんでしたが、鉄道好きだった同級生と写真を撮りに行ったりしていました。その写真は今でも残っています。また、小学校の時はサッカーと水泳もやっており、隣の駅近くにあるスイミングスクールのバス停まで、京浜東北線の車庫を見ながら自転車で通いました。今振り返ると普段から電車を見る機会は多かったと思います。

また、本を読むことも好きで、図書室によく通っていました。そこでは「仕事の本」を見るのが好きでした。「○○になるには」というシリーズで、その中で気になったのが「警察官になるには」「消防士になるには」でした。当時は『西部警察』というテレビドラマも人気でしたし、警察官にも憧れていたのです。今思い返すと、制服を着る仕事がしたかったのかもしれません。仕事というものに興味があり、いろいろな職業に関する本を熱心に読んでいました。

1985年につくば万博（国際科学技術博覧会）があり、そこで走る臨時の列車も見に行きました。両親は大学時代に観光の研究会に入っていたほど旅行好きで、箱根や清里、伊豆など、鉄道を絡めてさまざまな場所に連れて行ってもらいました。

岩倉高校へ入学して線路そばに下宿

小学校5年生で転校して、相模原市に引っ越しました。小田急江ノ島線と東急田園都市線が近くにあり、また自転車で行けるほどの距離に小田急線の車庫があり、よく見に行きました。その頃にはすでに1人で電車に乗っていて、電車で友達と当時実施されていた駅を巡るスタンプラリーなどをしたこともありました。

中学に入る時に親がまた転勤となり、名古屋に移りました。その時には文化の違いをすごく感じました。鉄道の文化にも違いがあり、名古屋市営地下鉄の発車前に鳴る独特のブザー音など、関東とはまったく違いました。

中学時代はラジオをよく聴いていて、名古屋はラジオ局が少なかったのですが、夜になると東京と大阪の電波が入り、両方の地域の番組を聴くことができました。その中でだんだんと高校では東京に戻りたいと感じるようになりました。その時に、祖父母の店で働いていた方の息子さんが岩倉高校出身だったことを思い出し、鉄道を学べる岩倉高校を受験しようと思いました。サッカーも続けていたので、プロになれたら……という夢もありましたが、将来の夢の一つには、やはり鉄道員がありました。名古屋の高校も見学していたのですが、やはり東京に帰って学びたいと考え、岩倉高校に入学することになりました。

両親はそのあと、さらに転勤で福岡に引っ越すことになり、私は東京で一人暮らしをすることになりました。一人暮らしと言っても、小学校の同級生の祖母の家が2階を下宿として貸し出されていて、そこでお世話になりました。

六畳一間の部屋が3つあり、風呂なしトイレ共同の仕様でした。それもまた東急世田谷線の西太子堂駅の目の前で、引っ越して来た翌朝に、始発の通る「ダダダダ」という大きな音にびっくりして飛び起きました。すぐに慣れましたが、こんな風に、なぜかいつも電車の近くにいる人生だったように感じます。

この下宿先から上野にある岩倉高校へ通い、放課後は武蔵境にあるグラウンドに通ってサッカー部で活動をし、帰ってから銭湯に通う日々でした。

インターンシップの乗客対応で冷や汗

高校ではインターンシップを経験しました。高校1年生の夏休みに、ＪＲ東海東京駅にて10日間に及ぶ実習でした。ちょうどお盆時期と重なり、東海道新幹線が台風の影響で長時間運休となった日がありました。当時、新聞の記事にもなったほどの遅れが生じ、改札口は封鎖され、運転見合わせが続きました。今でしたらそのような場を高校生が対応することはありませんが、当時は高校生でも現場に出されました。

帰省客でごったがえす中、警察官が改札の上に立ち、暴動が起きないように見ているのです。インターネットもない時代ですから、情報は駅構内の放送でしか入って来ない状況で、いつ新幹線が動くかわかりません。私たちは高校の制服と制帽を着用していたのですが、お客様にしてみれば、そんなことは関係ありません。いろいろなことを言われて対応をしていて、ふと気づけば、「憧れの職業だった警察官の方が目の前にいて、一緒に仕事をしている！」と実感しながらも、「働くってこんなに大変なんだ」「なんでこんなことを言われなければいけないのかな」と思いながら必死に対応しました。

さらに、冬は同じくJR東海の東京駅で改札のアルバイトを経験しました。給料をいただくこともあり、年末年始輸送では、実習とはまた違った緊張感を持って仕事をしていました。この時は、JR東海の新幹線で働きたいと思っていました。駅員さんに若い方が多かったこともあり、アルバイト中はいろいろな話を聞いたり、お客様との対応などを見させていただきました。この時の体験は、今でもつながっている人脈構築のスタートラインとなる貴重なご縁となりました。

高校の時は鉄道だけでなく、郵便局やファストフード店、焼肉屋、製本工場などでも働いていました。ファストフード店はJR東日本の系列のお店で、JRから出向されてきた方と知り合いました。その方は現在JR東日本の関連会社の部長となり、今でもお付き合いがあります。この頃からすでに人とのつながりを意識するようになりました。

就職せずに大学で交通経済を学ぶ

今とは異なり、高校3年生の夏頃には、周りの同級生たちはほとんど就職が決まっている状況でした。自分は当初JR東海に入社したいと考えていたのですが、まだ他にも経験できることがあるのではないか、大学に行ってからの就職でもいいかなと思うようになりました。推薦入試があったので受験するも不合格……。一般入試も不合格で浪人が決まりました。

浪人中も生活のために小田急線新宿駅でアルバイトを始めましたが、当時お世話になった方々と、今は仕事でご一緒させていただくこともあり、無駄な経験はないことを今でも感じています。ただこの時、私は浪人生で同級生は働いているのです。急に「自分は何をやっているのだろう」といった気持ちになることもありました。同級生で早い人は6月ほどで駅の改札やみどりの窓口で仕事をしていました。それを横目に浪人の1年間を過ごし、交通関係の勉強をしたいと考え、城西大学に入学しました。

大学では、交通経済を専攻していました。入試試験の面接で、「交通経済を学びたい」と伝えました。その時の面接官がのちに私が入ったゼミの先生で、不思議な巡り合わせを感じました。高校の時の勉強はある程度は役に立ちましたが、高校と大学の学問は違いました。例えば、交通経済では、踏切が遮断する時間によってどれだけ経済損失があるか、電車を高架化することによって自動車事故のリスクがどれだけ減るかなどを研究しました。交通経済なので、電車だけでなく自動車も出てきます。ディベートも多くこなしましましたので、コミュニケーション力は大学で身に付けた部分もあります。

浪人時代と大学1年生の時は、小田急線新宿駅でホーム担当のアルバイトをしていました。ロマンスカーの乗車改札などにも携わり、観光の列車に関わる経験もしました。駅で折り返す運転士さんと仲良くなったり、駅には岩倉高校の卒業生の先輩がいたり、乗務員にも高校の先輩が何人かいたこともありました。運転士・車掌の仕事を間近で見ることができたのは、その後の仕事にも影響を与えました。

アルバイトでも構内放送も担当していましたし、お客様からクレームをいただいたこともありました。当然、事故があれば状況が変わりますし、朝か夜か、時間帯によっても、対応が変わるなど、さまざまな経験をさせていただきました。

大学2年生から4年生は、お隣の京王新宿駅で駅の定時社員として改札や精算業務などを担当しました。夕方18時から翌朝9時までの泊まり勤務で、仕事が終わってからそのまま大学に行く生活をしていました。週に3日ほどは駅に泊まり、あまり家には帰らない生活でした。宿泊勤務の時は、アルバイトでも駅員と同じ寝室に泊まっていました。半分社員といった感じで、そこでいろいろな大学に通っている人とも付き合いができて、今でも仕事でその人たちとつながることもあります。高卒で就職すれば実務は長くできますが、大学に行ったことで、人とのつながりも増えましたし、同業他社の勤務という貴重な経験ができたと思います。

バブルが弾けて就職に苦労

私が高校を出る時はちょうどバブルが弾けた時期でした。そして大学を出る時には就職氷河期に突入し、就職状況は高校の時とまったく変わっていました。就職活動をしながら、「ああ、やっぱり高卒で働いていればよかった」と思うこともありました。こちらは就活中で、高校の同級生はみんな社会人4年生になっているわけですから……。

内定の出ている企業もありましたが、鉄道業界では伊豆急を受験するも最終面接で落ちてしまった時には、「鉄道業界に入れないのだなあ」と少し淋しい気持ちになりました。それでもJR東海の子会社である車内販売の会社から内定をいただくことができたので、総合職で入社しようと思いました。

しかしその後、相模鉄道が社員募集をしているのを電車の車内広告でたまたま見つけ、「受けてみるだけ受けてみようかな」と、軽い気持ちで応募してみました。やはり不況だったので、その職種だけで約500人が受けたとあとから聞きました。

採用の電話がかかってきたのは、大学の友達と東武ワールドスクエアに遊びに行っていた時です。中途採用なので、すぐに入社しなければいけないと思い、「まだ卒業していないので、大学を辞めなければいけないのでしたら、入社することができません」と話しました。すると、「辞めなくてもいいですよ」というのです。

「単位は取れていますか？」とだけ聞かれましたので、「ゼミの試験を1つか2つ受けたら卒業はできます」と話をしたら、「その試験の時だけ年休を取って、大学に行けばいいですよ」ということになり、内定先に断りを入れて、相模鉄道に12月から入社となりました。

まさに「鉄道員として生きる」スタートとなり、私の人生は新たなステージへと変わっていきました。

2章

鉄道員という生き方

初の泊まり勤務は大晦日

相模鉄道は横浜を起点に海老名といずみ中央（当時）を結ぶ通勤型鉄道で、実家からも近く、小さな頃にも乗っていて親しみがありました。研修が終わり、最初の泊まり勤務は大晦日でした。定年近いおじさんと私と助役の3人で、しかも駅には当時テレビがなく、ラジオだけ。携帯電話は持っていましたが、今のような情報を得る手段としての機能はありませんでした。「今時、なぜラジオで『ゆく年くる年』を聴いているのだろう？」と思いながら、大晦日を終夜運転対応で過ごしました。

一緒に働いている方の中には、自分の親を通り越しておじいちゃんほどの世代の人もいたり、逆に親と同じくらいの方もいました。そこでさまざまな体験をし、社会の厳しさも実感しました。最初は喋ってくれなかった方が、打ち解けてきたらすごくたくさん喋ってくれるようになったこともありました。あとから聞くと、最初は私がどういう風にふるまうかを見極めていたそうです。ちょっと驚きますが、どこの職場にもそういった人はいると思いますので、その時の経験から、どんな場面でも「どうしたらこの人と喋れるかな？」とコミュニケーションのきっかけを考えるようになりました。

この経験は、自分が乗務員になってからも役に立ちました。鉄道の仕事はペアで組むので、何かしら会話はしなければいけないと思っていました。今はあまり気遣いは必要ないのかもしれませんが、やはり先輩に対しては後輩の自分から話しかけなければいけないかなと考えていました。この人は何が好きなのだろうか、どこに住んでいるのだろうか、野球ファンだったらどこの球団のファンだろうかと、周囲の人を観察しながら考えるようになりました。

駅では24時間勤務のところもありますので、鉄道員にはコミュニケーション力は必要です。直接、面と向かって喋ることが一つのコミュニケーションのツールでした。「こういう風にこの人は考えているのだな」、「こういう話をすると親しみを持ってもらえるかな」などと考える社会性といったものを、アルバイトの時から、駅やさまざまな人がいる中で自然に身に付けてきたのかなと思います。

駅係員の仕事でカップルの喧嘩の仲裁も

相模鉄道に入社してから、駅係員で改札業務などを担当しました。当然、駅構内の掃除もします。今でも覚えているのが、始発前に近所の方が「線路に植木鉢が置いてあるよ」と言いに来てくださったのです。見に行ったら、いたずらで10個ほどの植木鉢が線路に置いてあったので、始発が来る前に慌ててどけました。

それから、若いカップルが喧嘩をしていて、男性の方が踏切の遮断機の中に入ってしまったのです。もちろん非常停止の手配を取って電車は急停車。遮断機と列車の間にいたので、事故にはなりませんでした。こちらはドキドキしながら事情を聞くと、女性の方が年配の男性に心変わりをして、ショックを受けて思わず踏切に入ったと……。私もまだ20代前半だったので「確かに受け入れられないよね」「でも、他にいい人がいるからさ」などと励ましたりしました。

駅によって、朝、昼、晩で利用される客層も変わりますので、その時々に合わせた放送や対応も求められます。夜は酔ってベンチや車内で寝てしまう人を起こしたり……。駅にはいろいろなドラマがありました。当時の泊まり勤務では、まだ個室ではなく、二段ベッドでした。年配の方のいびきがすごくて眠れず、耳栓をして寝たこともありました。

駅近くの踏切であれば、遮断桿が折れたら駅から修理をしに行くこともありました。また雪の日は踏切周辺の雪かきもしました。しかし、雪かきよりも大変な作業があります。それは線路のポイント部分の融雪作業で、雪や凍結でポイント転換ができなくなることを防ぐために行う作業です。ポイント部分に点火して暖めたり、水をかけ続けることで凍結を防ぎます。雪が止んだあとには、点火した部分の煤を落としたり、ホースの中の水が凍結してしまうので、自転車の空気入れを使用してホース内に空気を送り、水を押し出していました。ホースの長さが結構あったので、何十回も押し出さなくてはならず、こういった作業で全身筋肉痛になることも……。

他にも車椅子ご利用のお客様のご案内や、当時はエレベーターがない駅もありましたので、駅係員としてさまざまな対応が求められました。

車掌になるために師匠とマンツーマン

駅係員を経験したあとは、車掌になりました。まずは車掌になるための学科を勉強し、合格してから実地で指導担当の車掌に作業や放送の仕方などを教わります。私も「師匠」となる実務指導の車掌にご指導いただきました。

車掌になるまでの時期のことは今でも非常に印象に残っており、「この歳でなぜこんなに怒られなければいけないのか?」というほど、いろいろ怒られました。それだけ自分がちゃんとできていなかったから怒られるので、今考えると非常に恥ずかしいことなのですが……。他の同期はそんなに厳しい師匠についていなかったのですが、なぜか私の師匠は厳しかったのです。当時はげっそり痩せました。見習いの間は、出勤したら退勤までずっと師匠と一緒。師匠と同じ行路を乗るため、常に緊張感を持っていました。

当然、師匠と合わないから変えてもらえるといったことはなく、当時はそういった雰囲気はありませんでした。今は時代的に上の立場の人もそこまで強くは言えないと思います。

いいことではありますが、ただ、この業界に関しては、時には命に関わる仕事ですので、優しく言っていたら務まらない部分があります。

20年以上前は、取扱いと違うことをすれば怒られ、見兼ねたお客様から「あんな教え方はどうなのか……」というご意見もあったそうですが、今考えると、そのご指導があったからこそ、今の自分があると感謝しております。私も時には同じく厳しい指導をしますが……。当時は職人気質の人が多く、寡黙な方もいらっしゃいました。仕事も、「見て覚えろ」といった感じが見受けられました。しかし、今振り返ると、その当時のその方の年齢は、今の自分の年齢とそんなに変わらないのです。当時の先輩方は、どれだけ落ち着いていたのでしょうか……。

無事車掌として乗務することとなり、1年ほど経過した頃、岩倉高校卒の運転士と組んでいた日のことです。折り返し駅で何か焦げたような臭いを感じて車両の下を見たところ、煙と発火を発見。幸い大事には至りませんでしたが、迅速に連絡を取り、放送で避難誘導など普段からの訓練で培ったものが実践できたことは、その後の仕事への自信にもつながりました。

車掌を1年経験した時に運転士の登用試験を受けましたが、残念ながら不合格に……。そのためもう1年車掌をやることになりましたが、さらに1年車掌を続けてよかったと感じています。1年目は、仕事をなんとかこなす感じでしたが、2年目からは業務のパターンを理解したことで、仕事の面白さがわかってきました。

月に1回しか走らない検測車に乗務する、貴重な体験もできました。検車用の車両は、普段の車両とは編成、長さ、取扱い方法もまったく違います。緊張しながらも、いい経験ができたと思います。

また、2年目からは後輩も入ってきて、先輩としてアドバイスすることで、業務の改善点に気づくこともできました。この車掌の時代に相模鉄道は湘南台まで新線が開業するなど、人が増えて活気が出てきた時代でもあります。高卒で入社した人も異動してきて、岩倉高校の後輩も配属されるなど、若い人も増えていきました。

鉄道員は「組織図」ではなく「家系図」

車掌や運転士は指導担当（師匠）につきっきりで指導を受けるのですが、初めにその指導担当に教わった新人を「長男」、次に教わった新人を「次男」、という言い方をします。師匠の師匠は、新人から見ると「おじいちゃん」です。組織図ではなくて、「家系図」。それほど鉄道員同士は絆が強いのです。「〇〇さんはあの家系だから、ブレーキが上手だよね」なんて話も出たりします。

今はもうそのような時代ではないかもしれませんが、家系ごとに「〇〇会」があり、師匠が定年になったら、孫弟子たちまで含めて一同が集まったりもします。また、誰も教えていなければ「家系が途絶えた」といった言い方をします。

私の運転士の師匠は、自社では私しか教えておらず、私は後輩を育てることなく運転士を辞めてしまったので、家系が途絶えてしまいました。今でも師匠には申し訳ないことをしてしまったと思いつつ、全国の鉄道会社に将来の鉄道員を送り届けることを目標に頑張っていこうと思い、転職をしました。

若い頃は泊まり勤務で朝に業務が終わり、朝10時から営業する居酒屋に行ってみんなで飲んだりしていました。そういった店は、だいたい鉄道・警察・消防に勤務されている方が集まっていました。当時は先輩に「行くぞ」と言われたら「はい」と言うしかなかったので行っていましたが、このような場で先輩方と仲良くなり、いまだに付き合いがあったりもします。お酒を飲むと仕事の時と全然違う人もいましたし、あまり喋らない人だけど、お酒の席で「○○チームのファンなのだな」と、普段の会話のきっかけになるようなことがわかることもありました。やはり人とのつながりを大切にすることが大事だと思います。

運転士試験のチャンスは1回きり

運転士になるためには、まず運転士見習にならなければいけません。学科ができるだけではなく、運転に関して必要とされる適性や身体的機能に合格する必要があります。クリアすると、運転士見習として新たな教育を受けることになります。

動力車操縦者運転免許の交付を受けるまでの9カ月間は、通常業務は行わず、最初の4カ月間は、毎日9時から17時まで学科講習を受けます。専門の教習所があり、専任の教師もいます。中学校や高校と同じで、授業を受けて毎週テストがあり……といった感じです。ノートのページを丸々暗記しなくてはいけないこともあり、その時は、「生まれてからこんなに勉強したことはない」というほど勉強しました。普通は高校生活や大学受験がそうなのかもしれませんが、私の人生ではこの頃の勉強量が一番多かったです。28、29歳あたりの方もいたので、一緒に「若い時と違って全然頭に入ってこない」と悩んでいました。

学科や実技に落ちてしまうと、そのあとは車掌に戻るか、駅や本社に異動という選択となり、運転士にはもうなれないのです。会社ですから、運転士も異動で配属する形です。ケガや病気などの事情があれば別ですが、その年の試験で合格できなければ「次」はありません。そのようにならないよう、運転士見習の同期は一丸となって試験に合格できるよう必死に頑張っていました。

学科試験に合格したあとは、実際の車両を使用した訓練がスタートします。「なんとか1人で運転できるようにしなければ」と思って必死に頑張りました。運転士見習の間は、隣に指導操縦者という指導担当者が横について指導を受けます。

免許を所持する人が直接の指導をする場合には、免許を所持しない人が運転をしてもよいことになっています。しかし、乗車されているお客様から見れば、免許を持たない人が運転しているとは思わないでしょうから、こちらも緊張しながら運転しました。それでも手順や方法を間違ったりするので、よく怒られました。

今考えると、順序立てて操作をすればそれほど難しいことではなかったのですが、当時は精神的にも追い込まれていましたから必死でした。とにかく食らいつくしかなかったです。今であれば、他からも得ることのできる情報は多いですが、まだそういった時代ではなかったので、教本や師匠から教わった内容をメモに取り、ノートにまとめるなどしていました。

今でも忘れられない思い出は、初めて自分の操作で電車を動かした時のことです。その時の嬉しさとなんとも言えない緊張感は、何十年経っても忘れません。普段見ていた景色もまったく違って見えるとともに、多くのお客様を乗せて運転している責任感を背中にひしひしと感じました。そのあと信号喚呼を忘れて怒られたりしたのですが……。

そして、約5カ月間の運転士見習教習中にある中間試験と修了試験に合格し、関東運輸局にて動力車操縦者運転免許の交付を受け、晴れて一人前の運転士として乗務することとなりました。そして、自分1人で運転操作をした時の運転台の広さを感じ、「もう誰も助けてはくれない」という新たな緊張感を持つこととなりました。このような緊張感を持って日々仕事をすることが「鉄道員としての生き方」と言えるのかもしれません。

運転士は約9年間経験させていただきましたが、実はこの9年間で、のちの自分を作ることになるある活動をスタートさせました。

サービス介助士インストラクターの資格を取る

運転士になってから、日本ケアフィット共育機構が実施する「サービス介助士」という資格を取得しました。当時はまだあまり知られておらず、会社負担で取得するといった制度もありませんでしたが、高齢者や障がいをお持ちの方などをどのようにして介助するかなどを学べるということで、普段はお客様とあまり接することがなかったのですが、駅での折り返し時や、将来的に駅などで勤務する場合も役に立つかもしれないと考え、自主的に取りに行きました。

講習を受けて、自分が普通に感じていた世界に対して、高齢者や目の不自由な方はこんな不自由な思いをしているのだと実感しました。この経験から、現場で「こういう風に接した方がいいんじゃないかな」と思えるようになりました。

講習を受けたあとに無事資格を取得。講師の先生のお話をお伺いして、もう一歩上のステップを経験してみたいと考えていたところ、サービス介助士のインストラクター資格を取得する機会に恵まれました。「将来的には企業内講師になれたら、仕事の幅も広がるかな」と考えて応募し、働きながら休みの日や年休を取得して学ぶようになりました。

サービス介助士の資格取得講座では、いろいろな年齢の方々に教えることになります。またお伝えする内容も間違ってはいけないので、講義の内容を一字一句覚えなくてはいけなかったり、さらに2日間の実技の教習を全部1人で完結できるように、話す内容と時間配分と伝え方を覚えるなど、想像以上に厳しい内容でした。

まず何回も講師のアシスタントを務めて、メインインストラクターの講義をずっと見聞きしながら、その内容をノートに書き留めるとともに、受講生が快適に学べるかも考えなければなりません。あとは授業の時間配分です。ひとりよがりの授業ではダメですし、決まった時間の中できちんと講義しなければなりません。また、最初に行う高齢者疑似体験では、装具をつけたり2本の指をテープで巻いて動きにくくしたり、白杖を持って歩いたりしていただきます。その中で、講習内容をどうやったらわかりやすく短時間で、効率的に受講者に伝達できるかを覚えなければいけないのです。運転士の仕事とはまったく違う新たな世界に入ることになりました。

インストラクターを育成する指導員の方に、ご指導いただいて今でも役立っていることがあります。ある講義を実施したあとに、「大日方さんは『あー』とか『うー』とかの言葉を、今の講義で53回も言っていましたよ」と、指摘されたのです。自分ではまったく気がついておらず、ボイスレコーダーで録音していただいた内容を聞いてみると、本当にそのような状態で話をしていました。「あー」「うー」「えー」など、人は無意識に言ってしまうのです。すぐに改善しようと、無駄な言葉を出さないよう心がけるようになりました。

その経験から、授業などで話す時は無駄な言葉を発しないよう心がけるとともに、生徒の面接練習をする時にも「今の話の最中に、30回『えー』と言ったよ。『えー』を1秒と考えると、30秒。その30秒があったら、自分の思いをあといくつか言えたよね？」という話をしています。

企業での研修にも出たことがあり、インストラクター見習いとして、銀行の行員の方々へ資格講習を行いました。他にも、専門学校で授業をしたこともありました。社会人と専門学校生ですと、伝え方や内容も全然違いますし、この時の経験が今の仕事にも役立っていると思います。時には、学ぶことに興味や関心がない方もいますし、そのような方々にどう伝えればいいか、興味や関心を持ってもらう教え方を常に考えるようになりました。

これは岩倉高校で、鉄道員として求められるスキルを学ぶ科目として「ホスピタリティ」という新しい授業を立ち上げることのもととなった経験となりました。この授業をきっかけに、自主的にサービス介助士の資格取得を目指す生徒も増えました。今では日本ケアフィット共育機構様には、講師を派遣していただいたり、勉強会に参加させていただくなどの関係が続いています。

資格取得や業務研究に大忙しの運転士時代

資格取得の勉強は、運転士の頃が一番やっていました。子どももいますので、今考えると、どこにそんな時間があったのかなと思います。ただ、鉄道員は拘束が長いかわりに、休み時間が多い時もあり、その合間にも資格の勉強をしていました。

救急救命講習にて、普通・上級・普及員の資格をすべて取得しました。運転士の時は泊まりの仕事で明け番の時間があり、休日も活用して資格取得ができたのです。また、平日休みを利用して講習を受講しようという計画を立てることができました。自分にも子どもがいたので興味があり、子どもの救命についても勉強しました。

旅行業の資格は大学在学中に国内旅行業務取扱主任者（当時）を取得したのですが、海外に関する業務もできる「一般旅行業務取扱主任者」という資格がありました。旅行業法の改正により、現在は「総合旅行業務取扱管理者」に改称されています。

ちょうど資格の名称が変わる境目の時期で、すでに国内の資格を取得していたため免除の科目があり、約款と海外地理の科目が合格できればよいという状況でした。もともと海外に興味や関心があり、何度か海外旅行も経験していたので、海外旅行も扱える総合の資格を取得したいと、こちらも運転士をしながら勉強をはじめました。

もともと旅行が好きで、大学生の時に一緒に仕事をしていた同い年のメンバーとよく海外に行きました。アメリカでは時には怖い思いをしたり、タクシーを呼んでもお金だけ取られていつまで経っても来ない……などといったこともありました。今では笑い話ですが、車を運転していて右車線なのに反対車線を走ってしまい、危うく車と正面衝突しそうになるなど、まさに「ヒヤリハット」経験をしました。

余談ですが、その時一緒に行った仲間と約束した夢があります。それは、身体が動けるうちにもう一度ハワイへ行くことです。以前その仲間とハワイに行った時に、ハーレーダビットソンというバイクを借りて乗り、「もう一度ハーレーに乗りに行こう」と話になりましたが、定年後に行くとなった時には、もしかしたら身体が動けないかもしれないので、まだ動ける50歳を目標に行こうという話をしています。それが今の仕事へのモチベーションアップにつながっています。

まさか岩倉高校で旅行業の授業をするとは思ってもいなかったのですが、今では結果的に旅行に関する科目も教えることができるようになりました。そして教員で旅行業の資格を持っていると、旅行業者の方とお話しする時に役に立ちます。学校では修学旅行や合宿などを実施しますので、多少知識があるので金額や旅行の内容などの交渉ができるのです。「もうちょっと割引できますよね？」とお願いすることもあります。

「定年後のつもり」で教員免許を取得

ある時、高校時代からお世話になっていた先生から、「いつか役に立つ時がくるかもしれないから、教員免許を取っておいた方がいいよ」と勧められました。確かに私が高校生だった頃は、当時の国鉄JRから出向して、鉄道について教えている年配の先生がいらっしゃったのです。その記憶があり、定年後には教員として働くのもいいかなと考えました。当時の会社における定年は60歳でしたから、その時は「60歳を過ぎたらやればいいかな」というほどの気持ちだったのでした。しかし教員免許がないと授業ができないことを知り、慌てて調べてみると、大学の通信教育で取得できそうだったので、今のうちに働きながら教員免許を取っておこうと思いました。

ただ、このあとに知ったことですが、私は大学を卒業していたので、通信教育で大学に編入する場合は3年次編入となり、翌年には教育実習をやらなければいけないのです。教育実習に関しても内諾を取っていただけるとのことで、深く考えずにお願いしたのですが、内諾をもらうということは、その前の年に教職に関するほぼすべての単位を取っておかないといけないことがわかりました。

教職以外の教科は、たまたま大学の時に取った単位と互換性がありましたが、教職科目は改めて取らなければいけないので、その日から学習とレポートを書く日々が続きました。仕事の休み時間の合間にひたすらレポートを書きました。とにかく単位を取ることを考えつつ、仕事はしっかりやらなくてはいけないと必死でした。
また、「スクーリング」といって大学に赴いて授業を受ける授業では、鉄道業界とはまったく違う人たちと知り合うことになり、刺激を受けました。そこで知り合った人は、現在別の学校で先生をされており、今でもつながりがあります。

無事に必要単位を取得し、その翌年の10月に岩倉高校で教育実習をさせていただきました。高校生はまた、先述のインストラクターの講座とちょっと違う教え方が求められました。高校生なので、授業はもちろんのこと、生徒指導や進路指導などもあります。特に当時も鉄道会社への就職を希望する生徒は多く、これまでの経験を伝えながら授業や放課後の指導をしていました。

その時の高校3年生は就職試験を受ける時期で、志望動機や面接について相談を受けたりしていました。翌年、指導した子たちが私の勤務する会社に就職して駅に配属になり、のちに乗務員になったのです。一緒に組んだこともありました。教え子と会社の先輩・後輩となり、運転士と車掌として一つの列車を運転することができたことは、他の人と少し違った鉄道員として生きる喜びを感じた瞬間でもありました。

教員免許を取得したあとは、図書館の勉強もしたいと思い、教員免許を持っていると取得ができる学校図書館司書教諭の取得を目指しました。こちらは幼少期の仕事に関する書籍を読んでいた経験から興味を持ち、本の紹介の仕方や展示方法なども学ぶことができました。

社会人になってからの教員免許取得も、運転士だったからできたのだと思います。平日勤めのサラリーマンであれば、そこまでの時間的な余裕はなかったかもしれません。また、教育実習に関しても保存休暇の制度を活用するなど平日も休めたことは、休暇制度や福利厚生が充実している鉄道会社だからこそ実現できたかもしれません。

業務研究発表会に参加

これは仕事の一環になりますが、有志のメンバーと業務研究も行いました。事故防止のための取り組みを、映像を作って発表するのです。職場の中で希望する人を募り、6人のメンバーで、半年ほど乗務を外していただき研究をしました。スライドを作ってメンバーとすり合わせをしたりして、外に出て取材や動画撮影、資料集めなども行いながら作成していきました。

ここでは私の役割は発表だったので、何も見ずに20分間喋らなければいけなかったのです。時間を計って「えー」や「あー」などは言わないように、全部を覚えてプレゼンテーションしました。そう！　あのサービス介助士インストラクターでの学んだ経験がここでも活かされたのです。

鉄道会社全体の取り組みなので、全国各地の鉄道会社の方が集まって発表を行い、その中で特賞の次、2位をいただきました。仕事として経験できた業務研究発表は、これまでの資格取得とはまた違った達成感を味わうことができました。こうして振り返ってみると、約12年間の鉄道員として生きてきた中で経験したことが、いろいろと今に活きていることを実感します。

「欠員があるからやってみない？」で教員に

運転士から教員に転職したのは、「今、欠員があるからやってみない？」というざっくりとしたオファーがきっかけでした。教員免許を取ることを勧めてくださった先生から連絡があり、「空きが出るからどう？」と声がかかったのです。

その時まで、運転士の仕事を辞めようとは思っていませんでしたし、この先も鉄道会社の社員として仕事していこうと考えていました。ただ、「ずっとこの仕事をしているのかな？」という気持ちはぼんやりとありました。今でも覚えているのは、夜、トンネルの中を運転していて、自分の顔が電車の窓に映ったのです。その時、「このままこの仕事をしていていいのかな？」と、ふと思ったことを思い出したのです。

どうしようかなと思い、妻に教員の打診があったことを相談したところ、「でも、もう決めているんでしょう？　別にいいんじゃない？」とあっさり言われたのです。決めてはいなかったのですが、反対もされず受け入れてもらえた、という感じでした。そこで、一度きりの人生で新たな仕事にチャレンジしてみるのも面白いかなと考えが変わり、その時は仕事内容をよく理解しないまま高校教員としてのスタートを切ることとなりました。

その時、自分としてはただ授業を教えるだけでいいと思いながら教員となり、1年目は本当に授業を教えているだけでしたが、2年目、3年目と経験すると、次々と仕事が増えていき、クラス担任や就職支援、生徒指導、観光についても教えることになりました。

これも偶然なのか、たまたま観光教育に関する研究会があると知って行ってみると、本当にいろいろな先生方が全国にいらして、交流することができました。これがきっかけとなり、岩倉高校は観光甲子園に出ることになり、2012年には準グランプリ、2015年に全国旅行業協会会長賞をいただくことができました。観光と鉄道は密接な関係であり、生徒も興味と関心を強く持って取り組んでくれたことで、鉄道学校の教員として新たな可能性を発見することになりました。そこで知り合った先生方とも今でも交流があります。今年2022年には修学旅行で沖縄に行き、その際、観光甲子園で出会った先生と一緒に高校を訪問するプログラムを作り、体験学習として入れました。

他にも活動が広がり、国土交通省と観光庁の協議会にも参加することとなりました。それ以外にも、観光業者や百貨店などから相談があり、旅行や鉄道のイベントを企画するなど、いろいろな活動をすることにもつながっていきました。

顧問をしている鉄道模型部では積極的にイベントを実施しています。鉄道模型部は過去3回全国高等学校鉄道模型コンテストで最優秀賞を受賞しましたが、最近は他校のレベルも上がり、本当に細かく作り込まれていてセンスもあります。最優秀賞を目指す学校も増え、その中で勝ち抜くのはなかなか大変ですが、2022年の大会では一畳レイアウト部門で最優秀賞を受賞することができ、鉄道を通して喜びと感動をもたらしてくれました。

2019年までは高校生販売甲子園の指導教諭もしていました。商品の仕入れ先から金額の設定など、私自身も経験したことがない中で、生徒と販売のノウハウを学びながら、ともに売り上げを伸ばすことを目標に活動できたことは、貴重な経験となりました。

また、これまでのさまざまな取り組みをネットで見て、鉄道イベントへの協力要請を受けたり、鉄道関係の記事を書かせていただくこともあります。特に文章を書く練習をしたわけではありませんが、もともと高校や大学の時も論文を書くのは好きでしたし、教職の通信教育を受けている時に、とにかくレポートを書いたという経験も活きていると思います。

他にも、私が高校生の時に、テレビで岩倉高校の特集があり、その中で現役の運転士が出演されていました。実はそこでテレビで見た運転士の方が、ある時、生徒を連れてインターンシップに行った会社の管理職になられていました。私はテレビで一方的に知っていましたので、「何十年も前にテレビで見ました」といった感じでご挨拶させていただきました。そこからお付き合いをさせていただくようになり、研修所の見学や卒業証書授与式に来賓で来ていただくなど、鉄道におけるつながりを感じることとなりました。

学外のイベントもコーディネート

鉄道を通した地域連携の取り組みも実施してきました。本校の隣にあるＪＲ上野駅に新幹線の乗務員の職場があった時、本校の卒業生がその職場の副所長をされていたのです。そこで職場見学や乗務員の方と生徒の交流会を実施していただき、生徒にとっては憧れの仕事をされている方との交流は貴重な経験となりました。

そのご縁で、2021年度に私が担任をしていた3年生たちの卒業式に出席していただきました。生徒の憧れである駅長の白服でご集積いただき、生徒にとっても忘れられない卒業式になったのではないかと思います。私も鉄道を通して生徒たちには本校でしかできない体験を作ろうと考えています。

他にも、地域連携としてJR東日本様とは「東京感動線」というプロジェクトにて、上野まち歩きガイドツアーを実施しました。有志の生徒でグループを作り、アイデア出しから案内時のガイドまで担うなど、中心的に動くとともに、地域観光の魅力もPRすることとなりました。他にも本校のイベントに親子で参加したお子さんが、高校生になってうちの生徒になってくれることもあります。

また、雑誌やテレビの取材・企画に協力することも多いです。生徒も一緒に取材を受けてくれたりするのですが、そういった生徒たちが鉄道員になって、各地で活躍をしています。これも鉄道があるからこそできる体験であり、このような仕事もある意味で鉄道員として生きることと言えるのではないでしょうか。

コロナ禍に資格取得を目指す

資格を取ろうと思うタイミングは、期限が変わったり、法律が変わる時が多いです。バイクの免許を取ろうと思ったのは、法改正で教習時間が長くなると聞いた時でした。早速バイクの免許を取りに行きました。また、15年ほど前は大型自動車免許を取りに行きました。それも、法改正があり路上試験が追加されるなど試験が厳しくなるので、その前に行こうと思ったのです。また、自分も乗り物に乗る仕事をしていたので、トラックを運転しようという気持ちが生まれました。この時は運転免許試験場での受験でしたので、試験官は警察官の方でした。

運転の練習ができるところに通いましたが、電車の運転とはまったく違う感覚なので思うように操作ができず、なかなか合格できませんでした。しかし、試験場での貸コースで練習をしたり試験を見ながら研究したりして、挑戦しました。最終的に3回目の挑戦で合格することができましたが、合格できた時の喜びは、今でも覚えています。

この経験から、以前は学校のバスを運転しました。生徒も私が電車を運転できることは知っていましたが、まさかバスも運転できるとは思わなかったようでびっくりしていました。生徒の命を預かるわけですから、より緊張感をもって運転しました。

大型一種免許を所持していたので、いつかは二種免許を取ろうと思っていました。本校で交通安全の授業や指導をしていただいている教習所があり、指導官の方に「先生、いつか二種を取りましょう！」と言われていました。今の教師の仕事を続けるのであれば、当然必要ではないのですが、新型コロナウイルスの影響で在宅勤務が多くなり、時期的にも授業などが少なかったので、このタイミングでやってみようと思い、教習を受けることにしました。

久々に生徒として授業を受けてみると、自身の授業について考えさせられることがたくさんありました。また、路上教習は狭い道も走行しなければならず、踏切や坂などで下がったりしないよう細心の注意を払うとともに、信号でできる限り止まらないように速度を調整しながら信号と車の流れを予期して走らなくてはいけないことを学びました。電車でも同じように運転したことを思い出しながら、終始緊張しながら運転しました。もちろん、言われたことができなければ注意もされます。私も生徒に注意をすることがありますが、納得できるように伝えることの大切さを学びました。

また、電車と同じでバスも簡単には止まれません。ましてや、急ブレーキをかけた時は、電車以上に車内のお客様が飛ばされそうになるなどの危険な状況となります。また、死角で見えない場所があることも実感しました。それまでは路線バスは遅くて交通渋滞の原因になることもあると思っていましたが、その認識を改め、今では道路でバスに出会うと「どうぞ、どうぞ、先に行ってください」という気持ちになりました。

免許の講習を受けている中で、救命講習においては、以前習った内容から少しやり方が変わっていることに気づきました。また、車の運転シミュレータの授業では、人がいつ飛び出すか常に予測して運転しなければいけないと学び、安全に関する体験もできたことは、今後の仕事や生徒へ伝えることができる経験となりました。

教習所の先生に「目の前に人が一人飛び出してきて急ブレーキをかけた時、その1人は助けられるかもしれないけれど、中の人はもしかしたら5、6人飛ばされて亡くなるかもしれない。どっちを選びますか？」と言われたのです。どちらも選ぶことは難しいです。しかし、「それはずっと考えなければいけない」と言われ、やはり電車もバスも運転の仕事とは、命を預かる責任ある仕事なのだと痛感しました。

そのような状況にならないよう予測して運転を行わなければいけないことを、実体験を通して生徒に教えられますし、教える仕事には、資格取得も含めて、それまでやってきたことが何かしら活きてくると思います。

メディア活動など学校外の活動も盛んに

私が鉄道員になったのは、高校生の時に駅で経験したことや、歳の近い人が優しく接してくれた体験が、大きかったと思います。当時、駅の方が古い制帽を私にくれました。今も本校の1階に飾ってあります。そして数十年かが経過し、私の後輩がその方の部下となり、お会いしたことがありました。

人間関係は必ずどこかでつながっています。それ以外にも小田急線でアルバイトをしていた時の先輩が駅長になられていて、その駅に私の教え子が配属されるなど、そんな風にご縁がつながっていくことがありがたいなと思います。

この間も小田急電鉄様にご協力をいただき、指導車掌さんによるアナウンス研修を実施しました。この取り組みも、もともと私と交流があった方がお互いにやりとりをする中でご提案いただき、実施することになりました。ですから、私自身もお声がけをいただいたものは、できる限りお受けするようにしています。

テレビ番組「タモリ倶楽部」の収録なども私の友人がご縁をつないでくださり、出演することになるなど、鉄道を通した交流は非常に多いと感じます。

日本テレビの藤田大介アナウンサーには「フェイクニュースをどう見破るか」と講演をしていただきました。藤田アナウンサーと私が鉄道イベントで交流させていただいたご縁から実現しました。藤田アナウンサーはＣＳにて鉄道番組を持つほど鉄道好きで、講演の題材に寝台列車の最終運転時の車内アナウンスを録音したものを取り上げ、それを聞きながら間の取り方などについて、車内放送から人の心に伝わる話し方を教えていただいたことは、鉄道という観点からできる内容でした。

他にも通信制の高校で週に1回スクーリングに来る子たちを教えていたこともあり、そこでもいろいろな子がいて勉強になりました。生徒によっては当初学ぶことに興味・関心がない子もいましたが、そのような子たちにどのように伝えればよいか考え、次第に授業に積極的に参加してくれるようになるなど、興味や関心を持ってもらう教え方を考えるようになりました。

会社を越えてつながる人脈

鉄道会社同士は競合ではありますが、協力関係でもあるのです。相互乗り入れもそうですし、例えばＪＲ線と京急線が同じ区間を走っていると、ライバルはライバルなので、運賃競争などもあるのです。一方で「一緒にイベントをやりましょう」といった取り組みも日常的にありますし、同じ会合に一緒に出たりもします。そういった点は特殊かもしれません。

例えば鉄道フェスティバルという大きなイベントが10月にあり、いろいろな会社が集まってイベントを行うなど、それ以外にも鉄道の中で何社かで合同でイベントを企画したり、横のつながりで取り組むことは日頃から行われています。そのつながりは、もしかするとさまざまな業界の中でも、鉄道会社が一番強いかもしれません。

地方も大手も含めて、鉄道の魅力を発信しようと共同で頑張っています。展示会なども会社を越えて実施しますし、技術系でもある社長とある人が知り合いでイベントが実現したなど、人脈でつながることも多いです。

本校の敷地内には信号や踏切があるのですが、その設置を担当された方には、親身になってサポートをしていただいたことは今でも忘れられません。鉄道業界を目指す人は、人間関係を大切にし、人のために親身になって助け合う心を持ってほしいと思います。

また、これは生徒にも言っていることですが、何かしら人に話すことで、自分の人生が大きく変わることはあるのです。「この人に声をかけてみようかな」と考えて話しかけ、実際に就職先になったこともありました。2022年も「いすみ鉄道」に本校の生徒が新卒で採用されました。何十年ぶりかの新卒採用だったので、それが千葉日報に載って、Yahoo!ニュースにも転載され、それを見たテレビ局の方が取材に来られ、その生徒は有名人になりました。

これももともと、いすみ鉄道の社長と私が交流をさせていただいたご縁から、貸切列車に乗車するために生徒を現地へ連れて行ったり、鉄道研究部が活動の一環で訪問するなどの交流がありました。いすみ鉄道に入社した生徒は、最初は別の会社が志望だったのですがご縁がなく、その時にいすみ鉄道で社員を採用したいという話をお聞きしました。本来、中途を募集していたのですが、採用状況はなかなか難しいとのこと。「社長、新卒はどうですか?」と私が声をかけ、その生徒に聞いてみたら、「ローカル線に興味があります」と言うので、「行ってみたら」と勧めました。

自宅からは通えないので採用されれば移住しなければなりませんが、移住促進制度を使えば県が費用を出してくれるとのこと。それを確保してから「どう?」と紹介し、受けてみると見事受かり、いすみ鉄道で働くことになりました。

　こんな風に、話してみると人の縁がつながっていくことがあります。やはり横のつながりが大きいので、いろいろと行ってみた経験や、つながりが増えることが大切なのではないかと思います。もちろん、どの世界でもそうだと思いますが、鉄道はビジネスの規模も大きいので、「この人を紹介してほしい」と声をかければ、「じゃあ、こっちも紹介するよ」といった関係性があります。これも鉄道の魅力の一つです。

生徒にもさまざまなことを体験してほしい

　新たに広がりを持って活動するためには、いろいろなものに興味を持って、まずは自分が何かやろうと思わないと、始まらないのです。私も必要はまったくありませんでしたが、教員免許を取りました。しかし、取ってみてから気づいたこともたくさんありました。サービス介助士のインストラクター資格も、それがあったから、障がいのある方や高齢の方の苦労がわかり、「じゃあこういうサポートができるな」と別の視点を持つことができました。

まず、自分自身がいろいろなことを知らないといけないのです。

ですから、本校の生徒にはさまざまなチャレンジや経験をしてほしいと思っています。本校では旅行業の資格も生徒に取得してもらっていますが、資格を取ろうとすると地理の勉強もしないといけないので、「ここにこういう温泉がある」、「海外ではここにこんな国がある」など、知識が広がります。そうやって勉強することは、決して無駄ではありません。

鉄道の学校で学んだ知識は、何かしらに使えます。先ほどの私が取得した大型二種の免許も、取ってみたことがきっかけで、乗り物内の人をなぎ倒しても目の前の人を助けるか？　といったようなことを、より深く考えるようになりましたし、こういった経験や知識が、授業にも活かされていくのです。

鉄道を中心に人の輪がつながる

3年生有志の卒業旅行で、近鉄日本鉄道様にて貸切列車の運転をしていただきました。3年生は新型コロナウイルスの影響で修学旅行が実施できず、代替えとして企画しました。

その時に、地元の幼稚園か保育園の子が、お母さんと一緒に近くにいてじーっと電車と我々の様子を見ていたのです。そこで担当の方に許可をいただいて運転台の近くでお母さんと一緒に写真を撮ってあげました。

時間にすれば1分もかからないことですが、ちょっとした体験の時間を、人は生涯覚えているものです。このような経験が、将来に大きく影響するのだと思います。私自身も小学校4年生の時に、国鉄蕨《わらび》駅で鉄道好きの仲間と3人で写真を撮りに行って、車掌さんが「ここを見るかい？」といって、駅の中を見せてくれたり、車掌さんが発車する時にバイバイと振ってくれたりしたことがあるのです。それがたまたま写真に残っていて、そのほんの10秒、20秒が、鉄道員の仕事をしようという動機にもなりました。そんなこともあり、今でも、鉄道を通して自分も何かできることはしてあげようという思いが強くあるのです。

今はコンプライアンスが厳しくなり、実現が難しい部分もあると思います。しかし、小さなお子さんに帽子を貸してあげて写真を撮ることは、多くの鉄道会社で実施されています。こういった機会がきっかけとなり小さなお子さんが将来鉄道の仕事をしたいと思ってくれるのであれば、実施する意味は大いにあるかと思います。

この話を授業で生徒に話すと、生徒たち自身も幼い頃に鉄道の中でふれあいの体験があり、そこから岩倉高校に進学しようと思ったという話を多く聞きます。そういった人と人とのつながりを作る役割が、鉄道にはあるのではないかと思います。ちょっとしたきっかけから、鉄道員という生き方を選んでくれる人が一人でも増えてくれたらと願うばかりです。

3章
鉄道員の仕事

「人」が支える鉄道の仕事

現代の社会において、一度にこれほど大量の人やものを輸送できる手段は、鉄道以外にないと言っても過言ではありません。私たちの生活には不可欠で、その営みはさまざまな「人」の力によって支えられています。

この章では、鉄道を支える鉄道員の仕事について解説します。鉄道はサービス業であるとともに非常に公共性の高い仕事であり、鉄道員の仕事内容は、国土交通省の省令によって定められています。基本となる法律は1900（明治33）年に定められた「鉄道営業法」です。時代によって改定を繰り返しながらも、この法律が現在でも鉄道員の仕事内容や区分の基本となっています。

鉄道会社に勤務する人は大きく分けて、〈1〉現場勤務のプロフェッショナル職、〈2〉本社などに勤務する事務職に分かれます。

〈1〉現場勤務のプロフェッショナル職

「現業」と言われる現場勤務の仕事は、直接電車の運行やメンテナンス、接客に関わる仕事です。以前は高卒者が現業職、大卒者は総合職といった区分けが多く見られましたが、最近では高卒者のみが必ずしも現業職に就くとは限らなくなってきており、採用も多様化しています。

どの会社にも数多くの部署があり、それぞれ法令に基づいた係が配置されています。係の名称などは会社によって異なり、法令の内容に沿った係が配置されていればよいとされます。また、信号や踏切の自動化によって、踏切保安係など法令上は残っていても、現在では少なくなった職種もあります。

技術系の仕事は工業系学校の出身者でなければ就けないと思われることもありますが、基本的に制限はありません。ただし、企業によって電気や土木など、特定の科目を履修していた方が望ましいとの推奨がある、あるいは特定の科目を履修していないと採用試験を受けられないなどの条件を設けている会社もあります。

採用方法に関しても、職種別に採用する会社もあれば、現業職として一括採用し、入社後に各部署に適性を判断して配属を決める会社もあるなど、さまざまです。さらに、入社後に運輸係員（駅係員、車掌、運転士）と技術職をローテーションで担当する会社もあります。

現場勤務の仕事は法律上、これから紹介する、①運輸係員、②工務係員、③電気係員、④車両係員の４つに区分されます。

【現場勤務の職種①　運輸係員】

一般に「駅員さん」と呼ばれる、駅に勤務する人たちです。法令上は「運輸に関する業務を行う係員又はこれに相当する係員」とされている職種です。その中で以下の職種が挙げられます。

●営業係（駅係員）

駅に勤務し、窓口業務、案内業務、ホームで列車の監視などを行います。構内アナウンスや落とし物対応なども営業係の仕事です。乗客の中で急病人が出た時には救急車を呼んだり、身体の不自由な人のサポートをするなど、重要な仕事になります。駅でのさまざまな仕事を、宿泊しながら交代で行います。

現在は券売機や改札の自動化により、窓口業務は減っており、忘れ物などの問い合わせ業務が増えています。ＪＲでは窓口業務を集約して配置人数が減少する傾向にあり、機械化を進めて無人化や遠隔操作で対応する駅も増えています。

●信号係

以前は信号の操作も信号係の仕事でしたが、現在、信号のほとんどが自動化されています。そのため、現在の信号係は一部の鉄道会社をのぞいて信号操作は行わず、異常時や終電後の夜間作業時に操作や管理を行っています。

〈営業係・信号係の一日の流れ：例〉
点呼、服装持ち物確認→電車の発着時の安全確認、構内アナウンスなど→昼休憩→落とし物対応、トラブル対応、乗客案内など→終電後は忘れ物の見回り・滞留者の有無、エスカレーターの電源を切るなど確認業務→泊まり勤務の場合は仮眠室で仮眠→始発前に早番者が起床、そのあと遅番者が起床して業務を行い交代の営業係に引き継ぎ

●駅長、管区長、助役

駅長は各駅の責任者です。以前は1駅に1人の駅長が置かれていましたが、今は無人駅なども増え、1人の駅長が複数の駅を管轄するケースもあります。会社によって呼び名が違い、「管区長」と呼ぶ場合もあります。駅長の下には副駅長、助役などが在籍し、さらに主任などが続く場合があります（会社によって役職の構成は異なります）。

業務によって営業系、運転系など仕事の内容が変わる会社もあります。助役は駅長、管区長などの補助を行うポジションで、営業係の点呼や勤怠管理などを行います。

●車掌、指導車掌、車掌区長

車掌は「列車長」とも呼ばれ、発車時刻を確認し列車の出発時に安全確認を行ってドアを閉め、運転士に出発の合図を行います。走行中は車内放送を行い、停車時にも安全確認を行って、編成両数の確認や出発時間の確認などを行います。

最近では通常時の車内放送は自動案内が多くなりましたが、状況に合わせて必要なアナウンスを随時行います。例えば雨の日に乗客が傘を忘れないよう注意事項をアナウンスするなど、車掌が機転を利かせてアナウンスすることも大事です。

また、列車内でのトラブルへの対応や、天候に合わせた空調管理なども車掌の仕事です。通常は駅係員勤務を一定期間経験してから、おおむね3カ月程度の養成（研修）期間を経て、車掌としての単独乗務ができるようになります。

指導車掌は車掌見習の指導をする係で、同じ列車に乗り込んで見習を指導します。車掌区長は車掌全体をまとめる役職となります。

〈車掌の持ち物〉
名札、時計、ダイヤグラム、ブレット端末、規則集、乗務員手帳、手袋など

●運転士、指導運転士、運転区長

運転士の仕事は出発前の機器確認、列車の運転（加速、ブレーキ操作）です。乗務する車両編成ごとに特性があり、さらに天候や乗客数の変化によっても運転操作が変わります。また信号や踏切の状態から、ホームの乗客の動向まで瞬時に把握し、対処することが求められる仕事です。

運転士になるには国家資格である「動力車操縦者運転免許」の取得が必要です。通常は、駅係員として一定期間を務めたあと、車掌登用試験を経て車掌になり、その後運転士見習の登用試験を受けます。試験に合格したのち、養成所に入所し、おおむね9カ月ほどの養成（研修）期間を経て運転士になります。大手鉄道事業者は「動力車操縦者運転免許」の免許を取得するための養成所（国土交通省指定の施設）を会社内に設置しています。

指導運転士（指導操縦者）は運転士見習を育てる仕事で、運転士として一定のキャリア

を積んでから従事します。一定の経験と知識を持った運転士が選抜されて担当します。
運転区長は複数の運転士をまとめる役職です。車掌、運転士が同じ職場の場合は、「乗務区長」として、運転士と車掌の両方を監督することもあります。乗務区長（あるいは運転区長、車掌区長）は管理職ですので、一般の会社と同じように区員の業務管理などを行い、運転士見習に対しての授業なども行います。その他に助役などの管理職が勤怠管理や教育なども行います。

〈運転士の試験について〉

動力車操縦者運転免許の免許取得には約9カ月かかります。各鉄道会社に設置された動力車操縦者養成所で研修を受けますが、公共輸送を担う者としての責任の重さを認識しながら、知識や技能だけでなく、安全に対して強い自覚を持った人材の養成が行われます。
一般には約4カ月間の学科講習の終了後に学科修了試験を受け、合格すると指導運転士の下で約5カ月間の技能教習を行います。こうして約9カ月間に及ぶ教習の終了後に、最終難関の技能試験に臨むことができます。養成所で行われる国家試験に合格すると、国から運転士の免許が交付されます。
試験の年齢条件は20歳以上。その他、以下の試験項目に合格する必要があります。

〈動力車の操縦に関して必要な身体検査〉
視機能、聴力、疾病、身体機能障がいの有無、中毒症状の有無

〈動力車の操縦に関して必要な適性検査〉
クレペリン検査、反応速度検査、その他操縦に必要な適性検査

〈動力車の操縦に関する法令並びに動力車の構造及び機能に関する筆記試験〉
免許車種の構造、機能、運転理論、一般常識

〈動力車の操縦に関する技能試験〉
速度観測、距離目測、制動機操作、制動機以外の機器取扱い、定時運転、非常の場合の処

置

一方で養成所は持たず、自社で運転士を養成する事業者もあります。その場合は学科講習を社内で行い、年2回、各運輸局で行われる動力車操縦者運転免許の国家試験を受験します。合格後は技能訓練を経て、修了試験を受けます。修了試験は、国土交通省から派遣された試験官が実際に列車に乗って実施します。

民営鉄道各社の従業員は、多くの乗客の生命を預かる仕事だけに、その教育の過程は厳しく、内容も多岐に渡ります。例えば、乗務員の場合、運転技術や機械の操作ばかりでなく、鉄道法規、運転理論、交通地理、利用者への接遇や負傷・病気の応急手当の方法まで習得しなければなりません。履修の時間数も決まっており、1教科ずつ学科をマスターしながら研修を進めます。単に運転の技術だけを覚えればよいわけではなく、幅広い勉強が必要です。

運転速度は、1秒の速さ、1秒の遅れまで厳しくチェックされます。試験では速度計を隠し、体感で正確に運転する技術が問われます。また、ブレーキ操作の試験では、車内に運転衡動計を置き、適切なブレーキ操作ができるかなど、厳しいチェックが行われます。走行中のトラブル時の故障対応も運転士が担うため、故障の処置や異常箇所を発見し、対応できるかといった異常の処置の試験も行われます。

〈運転士の持ち物〉
手袋、懐中時計、予備のメガネ、列車運行図表、行路表、マスターコントローラーキー、乗務員手帳など

〈動力車操縦者免許の種類〉
動力車操縦者免許は国家資格です。免許の種類は12種類あり、運転する車両構造に応じて必要な資格を取得しなければなりません。「甲種」は鉄道事業法で定める鉄道、「乙種」は専用軌道等以外を走行する路面電車の運転に必要な免許になります。第二種は自動運転が不能となった場合に最寄りの駅や車庫まで運転するために必要な免許となります。

免許の種類と運転できる対象車両

免許の種類	運転できる対象車両
①甲種蒸気機関車運転免許	SL列車など
②甲種電気車運転免許	在来線の電車
③甲種内燃車運転免許	在来線の気動車（ディーゼルカーなど）
④新幹線電気車運転免許	新幹線
⑤第一種磁気誘導式電気車運転免許	リニアモーターカー（愛知高速交通）
⑥第二種磁気誘導式電気車運転免許	—
⑦第一種磁気誘導式内燃車運転免許	「愛・地球博」でのIMTS（新交通システム）
⑧第二種磁気誘導式内燃車運転免許	—
⑨乙種蒸気機関車運転免許	—
⑩乙種電気車運転免許	都電や東急世田谷線など路面電車
⑪乙種内燃車運転免許	坊ちゃん列車（伊予鉄道）
⑫無軌条電車運転免許	立山黒部アルペンルートなどのトロリーバス

●運転指令員、運転指令長

列車の運行全体を監視するのが運転指令員の仕事です。拠点駅に設置されている指令所や総合指令所に勤務して表示盤を見ながら列車の運行を監視し、列車のダイヤが乱れたり、事故が起こった場合に無線で現場に指令を出します。また、設備の故障にも対応できる係員が常駐して指示を出します。

異常時には、指令所から

運転士、車掌の一日の流れ

例1

1日目	2日目	3日目	4日目	5日目	6日目	7日目
泊	明	日勤	泊	明	休	休

- 宿泊勤務が基本（日勤勤務もあり）
- 74日で1周するサイクル
- 祝日相当の有給休暇や加算手当あり

例2

1日目	2日目	3日目	4日目	5日目	6日目	7日目
泊	明	泊	明	休	休	日勤

- 宿泊勤務が基本（日勤勤務もあり）
- 7日で2日の休日サイクル
- 祝日、日曜担当の有給休暇や加算手当あり

それぞれの駅へ電話や無線で連絡をします。運転士の経験者が指令員になることが多いです。例えば、ＮＨＫの朝のニュースで列車の運行状況を発表しているのもＪＲの運転指令長です。

他にも電力や変電所などの監視をする指令員もおり、事故が起きた時などは現場から指令に連絡がいき、現場の乗務員や係員は指令員の指示に従って対応します。会社によっては情報収集担当という専門の担当があり、他社線で遅れが出た場合のダイヤ調整をするなどの仕事もあります。そして指令員を統括する立場の役職が、運転指令長です。

トラブル対処例〈運輸係員編〉

◎天候関係のトラブル

運転士が注意するトラブルといえば、なんといっても雪や豪雨、強風などの天候関係です。雪の場合は電車の接近音が雪に吸収されますので、意図的に警笛を鳴らしながら走行するなどの工夫が必要です。

大雨が降って川が増水した場合、橋を渡る際は徐行運転をしなければなりません。さらに、風速25メートル以上では停止しなければならない（橋の上やトンネル内を避ける）などのルールもあります。これらは指令から指示がきますので、運転士は臨機応変に対応しなければなりません。

豪雨の場合も規定値を越えると運転休止になります。最近増加しているゲリラ豪雨時も休止になることがあります。運転再開には係員の点検が必要となります。

◎地震や火災などのトラブル

震度4以上の地震があった場合は、列車を一度停止させるルールになっています。これは気象庁の緊急地震速報と連動して行われます。運転士は危険な箇所を避け、列車を停止させます。最も状況を把握しているのはその場の乗務員ですので、乗務員が指令所にケガ人の有無等状況を知らせ、判断を仰ぎます。

沿線で火災が起こった場合も、まずは安全な場所に停車することが基本です。その上で火災の状況を把握するため、指令の判断を仰ぎます。

乗客を降ろす場合は、避難誘導なども適切に行います。運輸係員は普段からこういった訓練を行い、トラブル発生時にはスムーズに行動できるよう備えています。

◎車内でのトラブル

車掌や営業係では、乗客同士のトラブルや、泥酔客の対応なども危機対応として必要となります。最近では車内でトラブル、事件があったことを受け、各鉄道会社において、事件を想定した訓練なども実施されています。また、空調の管理は車掌の仕事ですが、梅雨時などは車内の温度管理が難しいため、送風機を作動させるなど、細やかな気遣いも必要です。最近ではコロナ対策のため窓を開けて走行することが多く、雨天時の対応や、暑さや寒さの対応にも工夫が必要とされています。

天候悪化や事故などで電車が長時間停車した時は、乗客の安全管理、健康管理も運輸係の仕事になります。時にはクレームが寄せられることもありますが、冷静に対処し、指令の指示やマニュアルに添って的確に行動することが大切です。

養成所の教師という仕事も

ＪＲや大手私鉄では、「動力車操縦者養成所」という国土交通省が指定する運転士の養成施設を所有しています。養成所での養成や試験を経ることで、国土交通省が実施する動力車操縦者運転免許の試験のすべて、あるいは一部が免除される仕組みになっています。

通常は運転士としてキャリアを積んだ乗務員経験者が主任教師や専任教師となり、運転士見習を教えています。また、運転士になるには電力や線路、施設の構造、測量などの知識も必要となるため、その会社の電気区長（電力指令長）や工務長（施設長）が現場の仕事と兼任で養成所の指導員を務めている場合もあります。

主任教師となった場合は基本的には現場とは兼務せず、学校教員と同じように、養成所で教える仕事に専念します。主任教師は国土交通省に名前の届け出をすることになっており、国が認めた施設で運転士を育てる重要な職種と位置付けられています。

【現場勤務の職種② 工務係員】

線路や駅構内など鉄道施設の保守、管理、修繕を行う係員です。法令上は「工務に関する業務を行う係員又はこれに相当する係員」とされています。鉄道施設を担当するため、会社によっては「施設」と呼ばれることもあります。

●営繕係、営繕係長

線路、電気施設以外の鉄道施設の保守にあたる係を、営繕係といいます。点字ブロックや駅のベンチ、乗客用表示の修繕、停止目標の張替えなどをはじめ、駅の施設の修繕全般を行います。営繕係長は工務長の命を受け、線路、電気施設以外の施設の保守業務を統括し、営繕係をまとめる役割です。

〈営繕係の一日の流れ：例〉
点呼、ラジオ体操→施設点検→昼休憩→構内の補修作業
終電後から始発前：トンネルや橋などの保守点検作業

●保線（工務）係、保線区長、工務長

列車が安全に走れるように、線路の保守を行うのが「保線」の仕事です。線路の最も一般的な形態は、バラストと呼ばれる砕石を盛り、その上に線路と枕木を置く「バラスト軌道」です。バラストが擦れ合いながら隙間を作るため、車両の振動や衝撃を抑えることがで

きます。一方で、長い間使用しているとバラストがすり減ってくるという欠点もあり、その影響で線路に盛り上がりや、歪みなどが起きます。列車のレールは鉄でできているため、季節によって伸び縮みもします。

そこで、定期的にバラストの盛り直しや、線路の歪みの直しをするのが保線の作業です。レールの幅や高さは運行に支障をきたさないか、傷はないかなどチェックし、異常があれば補修する係です。保線係は「保線区」と呼ばれる担当に分かれ、脱線などの事故が起こらないよう線路のメンテナンスを常時行います。

線路を自動的に保守する列車、マルチプルタイタンパーや、砂利や砕石を運ぶモーターカーを運転する係、レールを運ぶ資材運搬車を運転する係もいます。これらの車は実際に線路上を走らせるものの、乗客は乗せないため、動力車の運転免許は必要なく、普通運転免許の取得者なら運転できます。さらに、線路作業中には作業のグループとは別に、前方に列車見張員を立て、無線などで安全確認をしています。保線作業は昼間も行われますが、レールの交換などの大規模な保線作業は最終電車が走り終わったのち、始発までの間に行います。

保線区長は保線の業務を統括し、保線係員をまとめます。工務長は工務係全体（営繕係と公務係）を監督し、統括する長です。

〈保線係の一日の流れ：例〉
点呼、ラジオ体操→マルチプルタイタンパーで線路の異常を点検→休憩→バラスト固め、レールの点検、補修など
終電後から始発前：レール、枕木交換、バラスト交換など

トラブル対処例〈保線係員編〉

豪雨や積雪などの場合は、線路の保守、点検、補修を保線係員が総出で対応することになります。線路に異常があった場合は、その場で保線係が復旧します。保線係は歩く方向が決まっており、必ず列車の進行方向と逆に進んでいかなければいけません。

過去に列車を背に作業をしていて、列車に接触する事故が起こったためです。
また、列車見張員は作業には参加せず、列車の見張りだけに専念します。JRなどでは見晴らしの悪い路線ではこの係員が5秒に一度は無線で「列車接近なし」を知らせる「5秒ルール」を適応し、安全管理に努めています。これも、過去に事故が起こったことで導入されたリスク管理です。レールの歪みは列車に振動となって伝わるため、乗客から「列車の揺れが大きい」とのご意見が入ることもあります。そういった場合も、必要であれば保線係が線路をチェックし、補修を行います。

【現場勤務の職種③　電気係員】

電車の走行はもちろん、自動改札や券売機、ホームドア、エレベーターなど、現在の鉄道施設には電気の役割が欠かせません。電気係は電気施設の保守、管理、修理を行う係員です。法令上は「電気に関する業務を行う係員又はこれに相当する係員」とされています。
会社によっては電圧の違いで係員を分け、「強電（高電圧の作業を担当）」「弱電（低い電圧の作業を担当)」などと呼ぶこともあります。

●電力係、電力区長

架線に給電される電気や駅施設に供給する電気の点検、管理をするのが電力係です。また、営繕係が保守できない電気関係の施設の保守、管理も行います。自動改札、エレベーター、ホームドアなどの保守も電気係の仕事です。電力区長は電力係をまとめる役職です。

●信号係

信号の保守、修理や踏切(遮断機)の保守、修理、また、電車の向きを変える転てつ機のメンテナンスなども行います。

●変電係、電力指令長

通常、鉄道会社は電力会社から購入した電気を自社の変電所で変換し、車両に給電しています。給電する電圧は鉄道会社によって異なります。各社の変電所の保守、管理、維持を行うのが変電係です。また、電車の架線の保守、修理やメンテナンスも行います。

電力指令長は、運転指令長とはまた別の職種で変電係をまとめる役職です。

●通信係、通信区長

鉄道会社では通常、駅同士や指令室との連絡は無線を使って行います。通信係は無線や電話など、鉄道施設内の保安通信設備のメンテナンスを行う係員です。さらに、域内のネットワーク（光回線など）の点検保守なども行います。

最近ではホームにカメラを設置し、乗り降りする乗客の見守りをする駅も増えました。こういったカメラのメンテナンスも通信係の仕事です。通信区長は保安通信設備の保守の業務を統括し、通信係を管理します。

〈電気係員の一日の流れ：例〉

◎電力係

電力所で点呼→班に分かれてその日の業務の確認→電車線路設備、電力設備（駅構内含

む）の保守、点検→昼休憩→架線周辺の保守など

◎信号係
基地で点呼→外に出て信号施設や踏切の点検→昼休憩→転てつ機部分の点検、遮断桿修理など→基地に戻り報告業務

◎変電係
変電所で点呼→始発開始後に電気を入れる→変電設備のメンテナンス、電圧の監視→昼休憩→変電設備のメンテナンス、電圧の監視、変電施設内の点検（施設内に異物があれば撤去）→終電終了後に電気を切る

◎通信係
基地で点呼→施設内のネットワーク設備や無線、電話などの保守、点検→昼休憩→イン

ターホンの補修、構内カメラの調整など
終電後から始発前：通信ケーブルの交換作業など

トラブル対処例〈電気係員編〉

◎**電気係**

電車の架線にタコや風船などが引っかかることがあります。こういった異物を取り除くのも電気係員の仕事です。一般の人が架線の異物を取ろうとすれば感電してしまいますので、速やかに撤去することが必要です。

◎**信号係**

電車の信号保安装置には、「フェールセーフ」という考え方が採用されています。装置の一部が故障した時に、常に装置を安全側に維持させる、あるいは機能を安全側に変化させる考え方です。信号のいずれかの電球が切れた時には、それが一部であっても信号係がすべての電灯を消灯させて、運転士が必ず異常に気づくようにします。

【現場勤務の職種④　車両係員】

電車の車両の管理や整備を行う職種です。法令上は「車両に関する業務を行う係員又はこれに相当する係員」とされています。大きくは、車両（修車）担当と検車担当に分かれます。

●車両係（修車係）、車両区長

車両係員の仕事はさまざまで、整備する箇所によって分かれています。力行系（加速する装置）とブレーキ系（減速する装置）では担当が分かれていることもあり、さらにパンタグラフなどを担当する係、車内の内装を担当する係、塗装を担当する係など、それぞれがまったく異なる作業を行います。台車（車輪部分にある電車を止めるための装置）を専門に整備する係もいます。そのため、車両係員と一言でいっても、入社したあとにどの箇所の担当になるかで、仕事の内容が大きく変わります。

さらに、引き込み線内で車両の入れ替えを行う係員もいます。もともと動力車の免許を持つ運転士の経験者が配属されることがほとんどでしたが、会社によっては車両係員が構内だけ運転できる限定免許を取得して、専属の運転士として配置する場合もあります（ＪＲや京王電鉄など）。限定免許の養成期間は約４カ月で、時速25キロメートル以下での運行やお客様を乗せて走ることはできないなど、制限があります。

いずれにしても、車庫の構内は複雑な配線の場合もあり、本線を運転する運転士がそのまま車庫内まで電車を運転することはあまりありません。

車両区長（車両センター長）は、車両に関する業務を統括し、車両係員全体の監督を行います。会社によっては車両長の上に運輸関係のトップが在籍し、運輸、車両の全体を統括する場合もあります。

車両の製造は一般的に車両メーカーに委託して納品してもらう会社が多くあります。また、中古車両を改造して再利用するケースもあります。

●検車係、検車区長

検車は車両とは違う職種で、車両の安全点検を行う仕事です。どんなに頑丈な車両であっても、適切なタイミングで適切な保守管理が行われなければ、設計時に設定された寿命を全うすることはできません。そのため、どの鉄道会社でも、定期的な検車作業が必須となります。検車作業は各社の車庫内で行います。また、車両メーカーが製造した車両が新しく納品されれば、その検査や試運転などでの測定なども検車係員が行います。検車区長は検車係員をまとめる仕事で、検車係員を管理し、車両の点検の業務を統括します。

検査の種類には以下のようなものがあります。決められた検査を一度でも怠るとその車両は使えなくなってしまうため、検査のスケジュールを守ることが義務づけられています。

〈検査の種類〉

列車検査（仕業検査）：3日～10日以内に1回行う。主要部分を外部から確認し、消耗品の補充や、取り替えを行う

月検査（交番検査）：在来線では3カ月以内に1回、新幹線は30日あるいは走行距離3万キ

ロメートル以内に1回行う。動作状態や劣化のチェックの他、定められた部品の取り替えや調整などを行う

重要部検査：在来線では4年または走行距離60万キロメートル以内に1回、新幹線の場合は1年半または走行距離60万キロメートル以内に1回行う。ブレーキ装置などの重要部の主要部分を分解し、細部まで点検する

全般検査：在来線は8年以内に1回、新幹線は3年または走行距離120万キロメートル以内に1回行う。車両の各装置や部品をすべて分解し、細部まで点検する

臨時検査：新車や中古車を購入した場合、車両を改造した場合、故障や事故などによる損傷を修理した場合にその都度必要に応じて検査するもの

他にも軽度な故障では検車係員が車両に乗り込んで行う「運転検査」で対応することもあります。

〈車両係員の一日の流れ：例〉
車両基地で点呼→各班に分かれ、その日の業務を確認→乗務員室、モーター部分、パンタグラフなど担当に分かれてメンテナンス作業→昼休憩→メンテナンス終了後は電気を流して検査→洗車→業務報告

トラブル対処例〈車両係員編〉

車両作業、検車作業での見逃しは大きな事故につながりかねず、厳格なチェックが必要です。小さな部品の故障も見逃さず、また作業にはダブルチェックが欠かせません。重大事故が起こった場合、補修や検査の手順が変更されることもあります。その場合も、車両係員はスムーズに対応する必要があります。

〈2〉現場を支える事務職

鉄道員といえば運転士や車掌をイメージする人が多いかもしれませんが、鉄道会社にはその他の業務にあたる社員も数多く在籍しています。鉄道会社といえども営利企業であり、経営という面では一般企業と同様です。

企業で働く人がいる限り、人事、経理、総務など社員をサポートする部署は欠かせません。さらに、運賃制度や運転ダイヤの作成、企画、広報、ＩＲ（株主への情報開示）、経営など、仕事は多岐に渡ります。最近では鉄道以外のビジネスへ進出することも増え、新規ビジネスの開発などを任されることもあります。

入社時から「総合職」として採用される場合もありますが、近年は乗務員などが異動で事務系の職種に転属になるケースも増えました。また、以前は大卒での採用が多く見られましたが、この点も最近は変わってきています。入社の際には必ずしも鉄道に詳しい必要はありませんが、総合職採用の場合でも鉄道現場での一定期間の研修がある場合の会社もあります。

●運賃制度、運転ダイヤの作成

運賃制度や運転ダイヤの作成も鉄道会社の仕事です。列車の運賃は各鉄道会社により異なりますが、運賃及び料金の上限の設定は国土交通大臣の認可を受けることになっています。また、運賃を改定する際も必ず認可が必要で、勝手に運賃を値上げするようなことはできません。万が一、鉄道会社同士の運賃競争が乗客の不利益になるような場合は、国からの介入ができるようになっています。運賃制度を設定する仕事は、鉄道会社の中でも非常に重要になります。

運転ダイヤ作成は主に運転士経験者が行い、秒単位の運行計画をダイヤグラム（列車運行図表）に書き込み、作り上げています。ダイヤグラムは横軸に時刻、縦軸に駅名が書かれ、列車の動く様子を一目でわかる図にしたものです。一般に販売されている時刻表には分単位でしか運行計画が書かれていませんが、実際のダイヤは秒単位で計画が立てられています。ダイヤの作成は専門的な知識が必要で、ダイヤ改正にあたっては、利便性の向上とともに乗客の安全も確保されるよう細心の注意が払われます。

かつては紙とペンにより手動で作成されていましたが、膨大な作業量になるため、最近ではコンピュータで作成されることが多くなりました。

●人事、財務、経営企画など

人事の仕事は一般企業と同様、採用活動や社員の人事管理です。採用活動では、学校関係者との連絡やインターンシップのコーディネート、採用イベントへの出展に関わる仕事などもあります。人事配置だけでなく、人材育成に関わる研修の企画、運営も行います。また、女性の採用の増加で、育休、産休、時短勤務への対応も増加しています。

財務や経営企画の仕事は、金融機関との折衝や、予算管理、資金調達、経営戦略の策定などです。鉄道の仕事を経営面でサポートする仕事といえます。多方面の部署との折衷能力や、経理などのスキルが必要とされることもあります。

●広報

鉄道会社の広報、宣伝活動を行う仕事です。マスコミ向けに発表するニュースリリースの作成や、広告制作、自社サイトの運営など、幅広い仕事内容です。地域と連携したイベントの企画や、鉄道関連のイベントの企画、キャラクターグッズの開発などを行う場合もあります。大手鉄道会社では専門の広告会社や広告代理店を持ち、宣伝活動全般を担う場合も少なくありません。また、鉄道の場合は他社と連携した広報活動も数多く行われます。企画力と共に、コミュニケーション力も必要とされる仕事です。大手の鉄道会社では、社内報を作成することもあります。

最近ではインバウンド需要を見込んだ、海外での広報活動も盛んです。そのため、英語などの語学力が必要となる場合もあります。

●営業関連施設、新規ビジネスなどの開発

鉄道会社が新しく建設する商業施設やホテル、オフィスビルの開発計画、鉄道会社が所有する施設の管理業務やリニューアルなどに携わります。予算やスケジュール管理、企画、

施工会社のとりまとめなど、業務はさまざまです。実際に図面を描くわけではありませんが、建築関係のスキルが役立つこともあります。

また、今までにない新規ビジネスの立ち上げや、開発計画などに携わる場合もあります。大手鉄道会社ではビジネスの多様化、グローバル化にともない、主要駅の駅前再開発や宅地開発、海外でのビジネス展開など、大規模な案件も増加しています。

異動のサイクルやキャリアパス

鉄道員は基本的には企業に勤める会社員ですので、一般企業と同じように、辞令が下されれば指定された部署に配属されることになります。面談という形で希望を告げることはできますが、やはりサラリーマンですから、適性があると判断され、会社が必要とすれば、異なる部署へ転属になる場合もあります。また昇進すれば別の職種に異動する場合もあります。例えば、車掌や運転士が人事部に異動になり、採用の仕事をするといったパターンも珍しくはありません。逆に事務系の仕事を務めたのち、駅長としてまた現場に戻ってくるケースもあります。

最近は鉄道会社のビジネスも多様化し、関連会社や子会社でホテルやレジャー施設など非鉄道の仕事に従事することも増えています。もちろん運転士を長く勤める人や、指導運転士や養成所の教師になり継続的に運転の仕事に携わる人もいますが、必ずしも運転士＝ゴールではなく、運転士といえども数多くある鉄道の仕事の中の一つということが言えます。さまざまな仕事が集まって機能していることも、鉄道会社の特徴かもしれません。

左記は運転士、車掌のキャリアパスの例ですが、実際には鉄道での経験を積んだのちに関連会社の役員や関連施設の施設長に配属されるなど、さまざまなキャリアがありえます。

〈キャリアパス例〉
例1：駅係員↓車掌↓運転士↓指令員↓管理者
例2：車両係員↓運転士↓指令↓管理者
例3：駅係員↓車掌↓運転士↓新幹線運転士↓管理者
※管理者になるには管理者試験の受験が必要

鉄道会社以外での鉄道の仕事〈高校教員〉

鉄道員のセカンドキャリアとして、鉄道専門の学校で教員となる道もあります。私が岩倉高校に在校していた当時も、定年間近の方が国鉄から出向し、教鞭を取られていることがよくありました。その他、鉄道員を経験したあと、キャリアの途中で転職して教員となる人もいます。運転免許証はないので、何かの教科の免許を所持しています。

私が勤務している岩倉高校は、現場で鉄道を動かす人材の育成を目的に1897年に開校され、2022年現在、開校125周年を迎える学校です。現在は、運輸科と普通科の2科を有する共学校となっています。運輸科では3分の1を鉄道、観光関連科目に割り当てています。この時間の中で、鉄道員となるための学習を行っています。

先述しました本校の特徴ある科目の中の一つである「ホスピタリティ」は、駅や車掌業務の中で乗客に対して求められているコミュニケーション能力の習得を目指すものです。単なるコミュニケーションスキルを学ぶのではなく、高齢者や障がいをお持ちの方の立場も考えられるよう、座学を通じてさまざまなことを学びます。また、高齢者疑似体験や車椅子の操作などの実技も含めて教えています。実際の車両を使っての実習も実施します。「運転業務」という科目では座学で運転に関するルールや心構えを学び、シミュレータを使用した運転体験も取り入れています。こういった学習を通じて、事故を起こさないための指差し確認喚呼の必要性や、異常事態に遭遇した時の心構えを体感することになります。また「鉄道概論」という科目の中では、車両の構造やメンテナンスの必要性、鉄道を動かすことに必要な仕事の内容と重要性を学びます。生徒たちが進路の方向性を見極め、将来どのような職種を選択するかの判断をする科目にもなっています。それ以外にも、わかりやすいアナウンスのやり方や、安全なドアの開け閉めなどを、実際の車両を使った実習で学ぶことができます。

さらに私の場合では、部活動では鉄道模型部の顧問として、ジオラマ作成や展示を行い、コンテストなどにも参加しています。活動の中で、鉄道会社の車両基地に見学や合宿などで地方鉄道の見学や貸切列車の運転などを行っていただいています。

生徒が小さな頃から夢見た鉄道の仕事につくためのサポートをすることが、私たち教員の仕事です。鉄道の仕事は時間やルールに厳しい仕事ですので、学校生活の中でも遅刻やルールに対しては厳しく指導しています。そのため、少し怖い先生と思われているかもしれません。しかし、それでも生徒の夢の実現のためには必要なことだと思って指導しています。鉄道会社に就職が決まり、夢を叶えた生徒たちの笑顔を見られることが、この仕事の一番の魅力です。

〈高校（運輸科）教員の一日の流れ：例〉
朝のホームルーム→授業：鉄道に関するルールや知識を教える（講義）→昼休み→授業：シミュレータを使った運転体験、安全確認などの体験の指導→鉄道模型部の部活動
※校外活動の企画や引率、鉄道会社のインターンシップ手配、採用活動のサポート、クラス担当なども行う

利用者自身が防ぐことができる鉄道のトラブル対処例

最近では異常気象にともない、ダイヤの乱れや鉄道のトラブルも増えています。もちろん、現場の係員は全力でトラブル対応にあたってくれますが、乗客自身にも適切な危機管理、安全確認の意識が必要です。

また、乗客自身が起こすトラブルもあります。最も多い例では、駆け込み乗車です。駆け込み乗車しようと、閉まりかかっているドアに傘を差し込み、挟んでしまう人がいます。電車のドアは完全には密着しないように設計されているため、傘が感知されず、そのまま発車してしまうこともあります。駆け込んだ先でぶつかった人にケガをさせるケースもあり、非常に危険です。まずは絶対に駆け込み乗車はしないことが大切です。

さらに、歩きスマホの事故も増加しています。階段などで転落した場合は自身だけでなく、巻き込んだ人にもケガをさせてしまいます。過去には歩きスマホでぶつかり、転落した人が亡くなる死亡事故も発生しています。また、ホームから転落し、列車に轢かれる事故も起きています。駅の施設内では人が多く行き交いますので、常に安全確認をしながら行動しましょう。

以下、その他のトラブル対処例と、乗客自身が行える危機管理をご紹介します。近年多くなっているトラブルもありますので、危険性をしっかりと自覚し、乗客自身も身を守る行動をとることが大事です。

●ホームでの転落事故を見つけた場合

まずはホームに設置されている緊急ボタンを押しましょう。線路に人が落ちてからでは遅い場合もありますので、「落ちそう」「危ない」といった状態であっても押して構いません。また、普段からホーム上の緊急停止ボタンがどこに設置されているか確認しておきましょう。駅係員を呼べる場合は、すぐに近くの係員を呼びに行きましょう。

●体調不良の場合

電車内で体調不良になった場合は、係員は次の停車駅で対応することになります。電車内ではなかなか医療措置などは行えません。体調が悪い場合は無理に目的地まで行こうとせず、近い駅で下車して係員に申し出ましょう。

●踏切で異常を見つけた場合

遮断機内に人が取り残されたなど、踏切でトラブルを見つけた場合は、踏切に設置された非常停止ボタンを押しましょう。これも普段から位置を確認しておくことが大事です。気づいた人が列車を止めることで、大きな事故につながることを防げます。

●列車が停止した場合

異常気象などにより、列車が長時間停止するような状況も起こり得ます。停止した場合は係員の指示に従い、待機、あるいは移動を行います。電気が遮断されれば空調も止まり、電車内の温度が上昇してしまうこともあります。近年はゲリラ豪雨などで列車が停止することも増えています。暑い季節に電車に乗る際には飲み物など水分を常に携帯しておく、乗車前にトイレに行っておくなど、普段からの危機管理も大切です。

●車内で乗客同士のトラブルや犯罪行為が発生した場合

可能であれば車掌を呼ぶか、必要な場合は車内の緊急停止ボタンを押します。乗車時には車両内の緊急停止ボタンの位置を確認しておくと安心です。また、非常通報ボタンの近くにインターホンが設置されている場合が多いです。車両のどの場所で何が起きているのかを伝えると、その後の運転再開が迅速に行われることにつながります。

4章
鉄道員になるには

昭和から平成、令和へ時代による採用の変化

私が就職したのは平成ですから、昭和の鉄道業界は体験していません。ただ、昭和の出来事も実は少し関連はありました。今のＪＲ、つまり国鉄の採用は１９８２（昭和57）年度を最後に採用見合わせとなりました。本校にも当時の校長が新聞の取材を受けている記録が残っており、「非常に由々しき事態」と発言をしています。要は人を減らすことで、ここから大きな社会問題にも発展しました。国鉄分割民営化に伴う人員削減です。

所属している労働組合などによっても、ＪＲに行ける人、行けない人が出てしまったこともありました。また、駅員が今までとまったく違う仕事をさせられてしまう事態が起こりました。駅の清掃業務やＪＲ経営の蕎麦屋に出向となった方もいました。名札はＪＲですが、出向で蕎麦屋の仕事をしている、といった感じです。私が小さな頃からお世話になっていた方で、本校を卒業して国鉄に入社された方がいましたが、その方も2年ほど鉄道とは別の仕事に配属され、最終的に辞めることになりました。こういった状況で、ＪＲ

では人を採用しない時代がしばらく続きました。

ちょうど近年60歳で定年になる方たちが、国鉄最後の入社組です。定年延長などもあるので多少は前後しますが、採用があった最後の年の方たちです。そこから何年間も人を採用していないので、そこからいきなり年代としては若返ります。ということは、この後はJRではしばらく定年する人がいなくなるということです。コロナ禍の状況で拍車がかかり、しばらくは採用人数が減る傾向はあるかもしれません。


時が流れ、私の2つ上の先輩、1991（平成3）年度入社からJRは採用を再開しました。それまでの期間9年ほど、JRは新卒採用をしていません。そのあとはバブル景気もあって大量採用をしたために我々世代は人数が多く、そのあとのバブル崩壊でまた減少しています。そんな時代の歪みを受け、採用が減ってしまう時期は鉄道業界にもあります。

どこも少なからず時代の流れを受けますが、鉄道も景気や社会状況によって、採用が大きく左右されます。2022年の採用は実は本当に厳しい状況でした。その原因は、新型コロナウイルスの流行です。採用は基本的に1年前に計画されるため、一昨年に入社した生徒にはほぼ影響はありませんでした。

２０２1年に入社した生徒たちはコロナで人数の制限がありましたが、それでもまだ計画はその前年なので、比較的よかった方です。２０２２年はコロナを前提としていますから、採用計画の時点で採用人数は減っていました。また、採用以前にダイヤを変えたり、終電を繰り上げたりもし、現場に必要な人数は減ってしまっています。

今までの鉄道では終電の繰り下げはあっても、繰り上げはなかったように思います。それが、このコロナ禍によって終電の繰り上げが相次いで実施されました。工事などの作業時間確保も要因としてあるのですが、1本前倒しをすることで駅や乗務員の勤務時間を短縮することで人件費を削減することができます。電車を1本走らせるだけで関係する人々は何人も必要ですから、終電が15分早まれば、乗務員の就寝時間が確保できますし、人員も割かなくてよくなります。

人数もそうですが、ダイヤも減らしています。山手線は２０２年現在5分ヘッド（間隔）で運行していますが、以前は4分ヘッドでした。1時間単位で約5本減っていますから、朝の6時くらいから終電までで、一日に70本ほどは削減していることになります。そうなると、今までのような人数は必要ないということになります。

増える非鉄道の仕事

運転士や車掌も以前の人数ほどは必要ない状況となり、組織としても、今は乗務員だけではなく他の仕事もすることを視野に入れた働き方が注目されています。例えば、ＪＲ東日本では乗務員の仕事をしながら支社の事務仕事もするパターンも出てきました。働き方改革もあるのですが、朝のラッシュ時は人が必要になるので朝は乗務員として乗り、午後は本数が減るため、減った分は部屋に戻って事務の仕事をすることもあります。また、そのような働き方は子育てや時短勤務にマッチしている面もあります。

このような背景もあり、以前のような大量採用はなくなってきています。どの会社も、電車の本数を減らしていかに効率化を図るかという方向に向かっています。自動運転も増えていますし、例えば東急電鉄などもワンマン運転が増えていますので、そういう意味ではなかなか厳しいといえます。どこの世界でも同じことが言えるのかもしれませんが、業界全体としては採用が減っている傾向です。
一方で非鉄道の仕事も非常に増えています。JR東日本では社員の15％ほどは鉄道とまったく関係のない仕事に従事し、地域創生や旅行商品開発など多岐に渡っています。駅や乗務員は経験していないけれど、鉄道会社の社員というパターンの方も増えているように思います。

また、分社化も進み、駅ナカなどビジネスが幅広い業種に広がっています。高卒採用となると、現業が一般的かもしれませんが、他業種に異動するなどの動きもあります。ただ、全体的な採用数で見ると、以前のように大量一括採用の形ではなくなっているのが実情です。

高卒採用、専門学校卒採用、大卒採用の違い

高卒採用と専門学校卒採用、大卒採用の違いですが、これはさまざまなパターンがあり、

会社にもよっても異なります。

●高卒の場合

高卒は辞退者がいないことが前提で、企業側も求人倍率を3倍以下に抑えなければいけない決まりがあります。自由に応募はできないので、数が見込めるのがメリットです。

高卒採用も通常は公募していて、誰でも受けてよいパターンですが、指定校制の場合もあります。求人を本校にしか出さない会社もあります。例えばＪＲ東日本の場合は公開求人のため、条件を満たしていれば学校長の推薦があれば誰でも受験できます。

一方で、ＪＲ東海は指定校制で採用活動をします。「この学校に○人の求人を出します」「この中で採用をします」という形です。そういった場合、例えば枠が1人のところに学校から10人も20人も推薦はできないので、我々が選んだ生徒を推薦する形になります。会社のニーズと、応募側の希望とニーズが一致すればよいのですが、しない場合もあります。そうなると、校内選考を実施します。そのため、中には生徒が受けたくても受けられないケースが出てきます。

また、先に本校の岩倉高校だから応募できる会社もありますとお話ししましたが、さらに、関西の会社などに交渉して採用試験の実施をお願いすることもあり、これまでも採用していただいています。関西の鉄道会社は地元で採用したいという意向があるので、関西の鉄道会社に就職するのであれば、採用実績のある学校に入った方が受けやすい場合があります。

一方で、生徒の方が地方への配属を希望することもあります。例えば2022年、本校からJR東海に入社した生徒は関西出身で、入社試験の際に関西で勤務ができないかとお願いして、受験機会をいただきました。そこは我々の採用支援の仕事と絡んできますが、まず早めに希望を学校の担当に伝える必要があります。また、卒業生がその会社に就職していることで、話が進む場合もあります。

高卒のメリットとしては学校経由で就職できることです。また、先に説明したように高卒の採用では倍率が3倍以内と決まっているので、3倍の競争率で採用試験を受けることができます。高卒者は受かったら入社するため、確実に人員を確保することができるのが会社側のメリットでもあります。

逆に言うと、高卒の生徒たちは受かったら、必ずその会社に入社しなくてはいけません。選択肢はない形になります。学校側からは、「それを承知で受けてほしい」という話を生徒たちにしています。ですから、まずは1社受けて、ご縁がなければ次を受けるという形でしか進めることはできません。複数受験ができないのは、高卒採用試験においてのデメリットでもあります。高卒者の就職試験は鉄道以外でも9月16日からと決まっていますので、自由度は少ないといえます。

●鉄道専門の高校以外からの高卒採用の場合

鉄道専門の高校でないと鉄道会社に就職できないかというと、そういうことはありません。鉄道の仕事は社内で養成する環境が整っているので、普通科の高校からも採用はあります。ただ、専門の高校は採用先にOBやOGが多いのが強みです。本校や、昭和鉄道高等学校などは多いです。今でもそうですが、例えば私の同級生の部下として私の教え子が就職したりすることがあります。そうすると、「○○さんを知っていますか？」のような形で、ＯＢ・ＯＧを経由して人脈を作りやすい面はあります。

●専門学校卒の場合

専門学校からの採用は高卒採用よりも若干少ない傾向です。会社によっては高卒・専門卒の枠でまとめて採用する会社はありますが、高卒は採っても、専門卒は採らない会社もあります。高卒の場合はその仕組みから内定辞退ができませんから、確実に数を確保できます。しかし、専門学校や大学は、例えば「他の会社に受かったから、他社へ行きます」ということが許されているので、辞退者を想定して、ある程度の数の内定者を出す場合もあります。そうすると、採り過ぎる可能性もあったりします。

時代の流れで、確実に採りたい年には、高卒を多く採る傾向に戻ってくる場合もあります。一方で大卒同様複数の企業を受験できるので、内定先から選ぶことができることはメリットとして大いにあると思います。

●大卒の場合

大卒で鉄道会社に就職する場合は、一般企業への就職活動と同じです。私も大学生の時に就活をしました。大卒の場合は現場で働くプロフェッショナル職とは違う総合職ということも多いです。会社によってはチャレンジコースなどと設定し、総合職と現業職を分けている場合もあります。

総合職で入ると鉄道以外にもいろいろな部署を経験します。もちろん高卒でも鉄道以外のところにいくのですが、大卒の場合はさらに経営を担うコースとなります。一方で同じ大卒でも、高卒と同じように駅や各現業を経たキャリアステップをするパターンもあります。

大手の鉄道会社の社長になるには、大卒が前提です。ＪＲ系列は東大などの国立大出身が多く、民鉄は早稲田・慶應出身の社長が多いです。総合職で採用されている実績でみると、六大学や国公立大学出身者が多い傾向といえます。

東京都交通局や市営地下鉄などは公務員として採用

毎年、東京都交通局と横浜市交通局の採用説明会が実施されています。高卒採用の場合は、民間鉄道会社同士の併願はできません。しかし、公営企業に関しては併願が可能となっています。これまでも、東京都交通局・横浜市交通局・神戸市交通局・仙台市交通局を受験した本校の生徒がいます。しかも、民間鉄道会社の採用試験が9月16日からに対し、公営企業は早いところでは6月から試験がスタートします。スケジュール的にも両方を受けられるので、可能な限り受験することを勧めています。

なお、一般の地方公務員試験を受験するのではなく、該当する交通局の採用試験を希望する職種を選んで受験することになります。

〈東京都交通局の場合〉　左記から一つを選択する

・鉄道営業（駅係員）

・交通技能（自動車整備／電気／保線／電車整備）
・電車運転［路面］
・自動車運転［バス］　※路面・バスは高卒新卒者は年齢制限により受験不可

　他にも東京都職員の採用試験に合格し、交通局の担当として勤務する場合があります。また同様に横浜市職員の採用試験に合格し、交通局の担当として勤務する場合があります。

充実したキャリア支援が鉄道専門校のメリット

　本校の東京都交通局の採用説明会には、直近で卒業したＯＢ・ＯＧに来ていただくなどを行っています。併せて駅長経験者や、教習所・研修所の担当をされている方々にお越しいただいて、それぞれの組織の仕組みやカリキュラムの内容、職種内容や、仕事のやりがいなどをお話していただきました。現在は、コロナ禍でもあるので、Ｚｏｏｍを使って、各教室で説明会を行い、その説明が終わったあとに質問があれば、直接担当者の方に質問ができます。

同様に横浜市営地下鉄の採用説明会も実施し、採用担当の方と私が担任した卒業生に来てもらい話をしていただきました。

また、3年ほど前からは、高校2年生を対象に鉄道企業合同説明会を実施して、鉄道会社20社ほどにご参加いただいています。会社の概要や職種紹介をはじめ、生徒からの質問にもお答えいただく機会を設けています。現在は、オンラインでの仕事紹介も増えており、事前にYouTubeに限定公開でアップされている動画を見てもらってから説明会に参加するパターンも出てきました。他にも工場見学会、内定者講話などを実施することでキャリア支援を実施できることは、他校にはない強みです。


高卒で受けることができる会社は1社なので、まずは第一志望を絞り、エントリーをして受験の可否を判断されます。ほとんどは希望すれば受けられるのですが、会社によっては必要な適性を持っているか確認が求められる場合があります。

去年も2、3社ありましたが、今年も新型コロナの影響で採用の見合わせがありました。

採用の縮小で、「小さい頃から鉄道員の仕事をしたかったけど難しい」といった状況も出ています。その中で、会社への憧れがあるから、職種が違ってもその会社を受けたい気持ちを貫くか、それとも列車の運転をしたいので、他の会社を受けるのか。第一志望で受けた会社にご縁がなかった場合は第二志望先を選び、その第二志望ではどの職種を選択するかなど、生徒によってそれぞれ変わります。

JRの採用は一発勝負？

多くの鉄道会社では受験機会は1回のみです。特にJR東日本やJR東海の採用試験において二次募集はありません。採用試験で内定をいただければそこで一安心となりますが、ご縁がなかった場合、二次募集を実施する鉄道会社を受験するのか、また都営や横浜市営の採用試験の結果が同じ時期に発表となるので、採用候補に残っている場合は、公営企業を選択する場合があります。交通局職員として勤務することを選択するのか、二次募集でもう1回民間企業にチャレンジするのか……。悩ましいところでもあります。

二次募集で受からなかった生徒の場合は、3社目を受けるのか、高卒での就職ではなく、専門学校や大学への進学を選ぶのか、まったく違う業種で就職を選ぶのか……など、いろいろなパターンがあります。どうしてもJR東日本に行きたいということで進学を選択し、数年後の新卒採用にチャレンジする生徒もいます。

なお、二次募集は求人募集の人数も少なくなりますが、可能な限り二次募集を実施していただけるよう企業側に二次募集の実施をお願いしたりしています。とはいえ、基本的には1人1社しか受験できないので、生徒と相談しながらの選択になります。

新幹線の運転士になるには

国鉄では、もともと総合職と地方採用という区分がありました。その流れがあって、JRの場合は今でも支社採用です。今のJRは旧国鉄の支社を再編して大きくした形ですね。結果的に人数が減っているので、国鉄時代よりエリアを広くして採用しています。2022年現在は、東北本部・秋田支社・盛岡支社、首都圏本部・横浜支社・八王子支社・大宮支社・高崎支社・水戸支社・千葉支社・長野支社、新潟支社にに分かれており、のエリア内での異動が基本です。最近ではさらにエリアの範囲を広げて広域異動ができるように組織再編が行われています。

ＪＲ東日本の場合、例えば「東海道線を運転したい！」と言っても、どこの支社で入社したによって配属先が決まります。千葉エリアで採用されたのであれば、横浜エリアである東海道線を運転する機会は基本的にありません。

ＪＲ東海の場合、新幹線に乗務するには、入社時にどこの所属として入社するかで変わります。駅係員から車掌に異動し、そのあと運転適性があれば運転士に登用される形です。ＪＲ東海は東京または大阪で入社すると新幹線しか運転することができません。しかし、名古屋で入社となれば在来線と新幹線があります。また、静岡は在来線のみの担当となるので新幹線の運転士にはなれません。ただ技術系職種は静岡の場合は新幹線か在来線のどちらかに配属となります。そのため、よく調べてから志望先を決めることが必要となります。

東海道新幹線はＪＲ東海にしかありません。東北・上越新幹線等であればＪＲ東日本、北陸新幹線ではＪＲ西日本、北海道新幹線であればＪＲ北海道で採用されることが必要となります。

特筆することといえば、ＪＲ東海の場合は東京と大阪は新幹線電気車の免許だけを取得しますが、ＪＲ東日本の場合は甲種電気車や内燃車など在来線で必要とされる免許を取ってから、新幹線運転士の登用試験を受けて追加していきます。このように、動力車操縦者の運転免許の取り方も会社によって異なります。また当然ですが、入社する会社で運転できる車種が決まる部分があります。ＪＲ東海では東京〜新大阪間の新幹線のみ運転するので、いろいろな車種を運転したい人は他社を選択することになります。

鉄道員になるための条件

運転士や車掌には、視力の基準があります。ＪＲ西日本では、レーシック手術を受けた人は不可ですが、ＯＫの会社もあります。

今の生徒たちは、幼少期からタブレットやパソコンを使っているので、視力が低下している生徒が増えているように感じます。会社によって、乗務員の名札にメガネ使用なのかコンタクト使用なのかを記していて、点呼の際に確認されます。メガネ使用の人であれば、予備のメガネを持っていないといけません。過去に予備のメガネを持たないまま運転をして、処分を受けた人もいます。またコンタクトの人も途中でコンタクトが落ちる可能性がありますので、予備のメガネの携帯が義務づけられています。

視力の最低基準は以前より緩和されて、矯正視力で両目1・0以上、片目で0・7以上となっています。これは会社による違いはなく、法令で決められています。

目は大事にした方がいいですね。本校でも、入学前から、国土交通省の基準での免許の最低基準を説明しています。また、色覚異常の方も車掌や運転士での採用はできないので、その点も生徒や保護者に伝えています。

高まる技術系の仕事のニーズ

今、一般企業でも技術系の仕事のニーズが高いと思います。鉄道も同じで、技術系の人材が欲しいというニーズが高くなっています。ただ、運輸系職種より希望者が少ないといえます。鉄道の技術職は裏方で夜間の仕事という印象が強いのかもしれません。

プロフェッショナル職、現場で働くとは、制服を着ている仕事の方にどうしても目がいってしまうのはよくあるパターンです。裏方よりは、表に出て見えている仕事の方が、なんとなく安心感があるのでしょう。もう一つあるのは、就職を希望する時に、「人と接するのが好きです」と言いやすいものです。そこでどうしても応募が接客に関係した職種に偏るというのはあるのかもしれません。

また、技術職での採用は専門技術がないといけないというイメージで、敷居が高いと思われている部分があると思います。しかし実は鉄道の場合はそうではなく、会社内で研修をして養成していますので、我々も企業の方々と一緒に発信していこうと思っています。本校でもいかに技術職を希望してもらうかの取り組みとして、「工務体験」といって線路の補修の現場体験を2、3年生向けに行っています。

とはいえ、本校でも技術職の希望は多くありませんが、その中でも車両職種は比較的人気があります。車両を整備したり、実際に運転もできたりしますので、イメージがしやすいのだと思います。しかし、信号や電気への希望がなかなか増えません。ですから、我々もなるべく現場を見せて、生徒に「こっちもいいかもな」と思ってもらえる機会や企画を会社側と考えたりします。

12月には毎年、新幹線などを製造する総合車両製作所へ見学に行っています。最近はクリスマスの恒例イベントのようになっています。見学に行った生徒が必ず1人は翌年の採用試験を受けたり、他にも工務系のインターンシップに行った生徒が技術職を受けたりしてくれているので、実際に見ることが大切だと感じます。高校1、2年生のうちに現場を知ってもらえることが、本校のメリットであると考えています。そういった中で、「この会社での技術系の仕事もありかな」など、気づいてもらえる機会になればと思い、実施しています。

また、鉄道会社でなくても工事に特化した会社も鉄道の中ではたくさんあります。線路の維持管理をJR全般に請け負っている大きな会社もありますし、鉄道の子会社で技術系の会社もあります。仕事の内容を知れば、そういうところに就職するパターンも見えてくるのではないでしょうか。実際に本校でもさまざまな体験をするうち、車両のメーカーに入る生徒や、鉄道関連の製造をやりたいという生徒も出てきました。

鉄道会社の車両部に入るとそこの会社の車両にしか関われませんが、メーカーに入ればいろいろな会社の車両の製造に関われますので、そこにやりがいを感じる場合もあります。生徒がそう思えるようになったのは、工務系の仕事を見に行って、ＯＢ・ＯＧが勤務している会社で話をしてもらった体験が大きいと思います。

中途採用、鉄道会社への転職

中途採用というルートもありますが、会社によって人数が違います。ただ、中には新卒しか採らない会社もあります。例えば、ＪＲ東海では基本的に新卒以外は採用しません。逆に、中途を増やしている会社もあります。ＪＲ東海以外のＪＲ各社なども、中途採用を増やしています。

中には年齢制限がない場合もあります。中途採用は一般的にだいたい30歳くらいまでを想定していますが、会社によっては45歳くらいの方が受け、採用されたパターンもあるそうです。それは稀なケースですが、先ほど説明したようにJRの場合は国鉄民営化の時の影響で年齢の歪みがあるので、そこを埋めるために中間層となる人材を採用している流れがあります。

動力車操縦者の免許は一生もので、しかも免許を取るのに1人あたり400〜500万円ほどの養成費がかかっています。ですから、以前は鉄道業界では他社で免許を取って来た人は雇わないという暗黙の了解がありました。しかし、最近は中途採用の募集自体も増えていますし、自ら転職を希望する人を受け入れる会社も増えています。採用側のメリットとしては、他の会社のスキルを持っている、自社で経験したことのないものを持っていることです。

運転以外でも、例えば、技術系などで特化した技術を持った人を他業種から来ていただくこともあります。さらに商品開発のノウハウを持っている人を採用する場合があります。鉄道は他の業種も絡んでくるので、仕事が多様化される中、他の業種のノウハウやスキルが望まれることもあります。

一方で、鉄道の知識や商品開発のノウハウを持っている異なる業種から転職されるといったケースもあります。

鉄道員の年齢の幅や昇格のプロセス

職種による年齢構成は、会社によって違います。試験制度がない会社の場合は基本的に年功序列ですので、ある程度の年代になったら役職や一定の職種に就いていきます。一方で試験制を実施していて、早く昇進をすれば30代で管理職や助役になれる会社もあります。試験制度がある会社、ない会社、そこはさまざまです。

運転経験がなくても昇格の試験で昇進することもあります。運転士からすると「運転経験がないのに昇進?」と思う部分はあると思いますが、出世という意味では、運転士になると実は遠回りになる場合があります。

車掌だけでしたら車掌の中で経験して、指導職の試験を受けて、と昇格していくのですが、運転士は1年養成をしてそのあと何年か経験してから指導職の試験を受ける形になります。2年、3年遅れていくので、昇進が遅くなる可能性もありますが、一方で運転士経験者にしかできない仕事もあるので、運転士になることで仕事の幅は確実に広がるといえます。例えば指令員は運転士経験者が担当することが多いです。しかし、これも時代の変化があり、最近では運転士経験のない方が担当するなど時代とともに変化しているようです。

鉄道において、運転士は花形の仕事かもしれませんが、鉄道会社に入社する人は、運転士をやりたい人ばかりでなく、車掌の仕事を極めたい人もいますし、管理職の仕事をしたい人もいますのでさまざまです。

ただ、その仕事を経験しなければ、一部の仕事ができないことも、もちろんあります。例えば指令員は運転士もやっている人が担うのがパターンでした。しかし、これも時代の変化があり、最近では運転士ではない人が指令員をやることもあるなど、変わってきているようです。

鉄道員を辞めてしまう人

鉄道会社に入って最初に辞める人は、宿泊勤務が辛かった人が多いように感じます。宿泊勤務があることは最初から言われているはずですが、思いのほか辛かったのかもしれません。しかし、そのあと辞める人は少ないですね。離職率は会社によってまちまちですが、激しく人が入れ替わる仕事ではありません。辞める人はいますが、他の業種に比べると、鉄道業界の離職率は低いとは思います。JR東海などは離職率が1%程ですし、他の業種と比べても低いように感じます。

高卒の場合は、会社によっては入ってからどの仕事に就くかわからないこともあるので、それで合わなくて辞めてしまうパターンもあります。また、地方に就職すると、例えば雪の中の作業などが辛くて辞めてしまう人もいます。横並びの弊害ではあるのですが、同じ高卒で就職したのに、寒い思いをして給与も地方のレベルでは割に合わないと、チャンスがあれば転職して関東の鉄道会社に入りたい人もいます。その場合は、都営や市営を目指す人が多いですね。首都圏の方が採用も多いですから、そこで中途採用に応募するというパターンもあります。

鉄道員に必要なスキル

●保安員という自覚を持つ

鉄道は安全が第一なので、まずは何かあった時にお客様を守ることを先頭に立って1人でやらなくてはいけません。そういう意味では、リーダーシップをとって業務ができるかどうかは大事です。それから、常に危険予測をできる、シミュレーションできるのは必要なスキルです。例えば「今事故が起こったらどうするか？」と常に考えられる人間かどうかは大事だと思います。

サービス業ではありますが、保安員でもあるので、お客様が要求しても、ダメな時はダメと言わなければなりません。毅然とした態度ができることが必要ですね。謝ればいいということではなくて、できないことは「それはできません」という必要があります。これが一番求められるスキルではないかと思います。これは生徒にも日頃から伝えています。試験を受けて鉄道会社に入ろうとしている時点で、「この人、大丈夫かな？」と思われるようでは難しいですよね。「この人に任せたい」「一緒に仕事をしたい」と思ってもらえるかどうか。それは自分が今までいろいろな経験した中で「きちんとやっていこう」と意識を持っていたかどうかの積み重ねが、人柄として出てくるものではないかと思います。

●その場に合わせられる柔軟さ

失敗や挫折をしても、へこたれないスキルも大切です。逆に言えば、叱責を流せるところも必要です。神経質過ぎると向いていないかもしれません。鉄道の仕事にはきちんとしたパターンがあり、正確に行えば失敗をしないようにマニュアル化されています。むやみに神経質になるのではなく、「自分はきちんとやっているから大丈夫」と思い、自信を持てることが必要です。

一方で、自信過剰にならず不安を持っておくのも大切です。私も「ちゃんとやったかな」と不安に思いながら眠る日もありました。神経質過ぎるのも困るけど、ちゃらんぽらんでは困ります。

人とのコミュニケーションも積極的でもいいのですが、相手が1人になりたい時もあるので、空気を読まなければいけないこともありますね。いろいろな場所で、その時々に合わせた行動ができる人というのが大事です。

●仕事や周囲に関心を持つ

人と関わる仕事ですから、困っている人がいたら声をかけたり、話しかけたりして問題解決する能力も必要です。自分の問題も、誰かに話してみれば解決することもあります。周囲を気にかけておくのも大事なスキルです。

そして、会社でどんなことをやっているのか関心を持つことです。企業研究の時に、生徒には「自分が使っている路線はこうだけど、この会社は違うな」といった視点を持つようによく言っています。路線図もどこの鉄道会社が見やすいなど、会社によって違いがあります。いろいろなものに興味・関心を持つことが大事ですね。

●ルールを守ることができる

「すべて自由」が一番よく思えるかもしれませんが、鉄道においてそれは通用しません。特に鉄道はルールやマニュアルが細かく決まっています。本校も校則には厳しいです。入学前には、受験生に「校則は厳しいですが、いいですか？」と聞いています。

鉄道会社は服装面なども厳しいですから、卒業生たちも学生のうちに厳しい校則で慣れていれば、入社してからも「今までもそうだったので問題ないです」と適応していけます。厳しい言い方になるかもしれませんが、自由な格好をしたいのなら、それができる仕事をすればよいということになります。

例えば、日本の航空会社のＣＡの方で、もともと黒髪なのに金髪に染めている人はいるでしょうか？　いないですよね。決まっている文化に入ることは、それに合わせていかなければいけないということです。これも鉄道員として求められる適性といえます。

仕事面でも同様のことが言えます。鉄道は過去にミスがあったところが改善され、今のスタイルに変わっています。現状のルールが、その会社の最適解として残っているものです。基本は「現状これが一番間違いない」ということをルーティンでやる仕事です。開けて閉めて運転する。基本的に同じことの繰り返しです。その決まった仕事をする中で、天候や時間で対応が変わっていきます。枠の中で上手く調整して、同じ時間の中で動かしていかなくてはいけない。そんな仕事ですので、ルールもそうですし、そこに合わせられるかどうかは大事です。

鉄道の特徴は、運行の時間がきちんと決められていることです。そこは、海外の鉄道とも違いますね。日本人の気質があるからこそ達成できている面でもあります。最近は枠にはまることが悪いという風潮がありますが、お客様の命を預かるわけですから、鉄道の仕事は枠にはまらないといけないのです。

また、ルールを守ることは、自分の身を守ることにつながります。技術系の仕事であれば、感電すれば命を落としてしまいます。だからこそ作業時は保護具をつけて確認して、ルールをきちんと守らなければいけない。事故に他人を巻き込んでしまう可能性がありますから、ルールを守って自分を守ることは、周囲の仲間も守ることでもあります。

「自分がやっておこう」と変に手を出してしまうことで、ケガをすることもあるのが鉄道の仕事です。手順が変わってしまったり、他がおろそかになったりすることはＮＧですから、基本はルールやルーティンを守ることができる人が適性として要求されます。

鉄道員の覚悟

前段でも説明しましたが、鉄道員はサービス業でありながら、保安要員でもあります。その点では、航空会社のＣＡさんと同じです。何かあった時に毅然と対応しなければいけません。授業の中でも生徒たちに言っていますが、人命第一ですので、そのためにどうしなければいけないのか、いつも考えておく必要があります。場合によっては自分の命を捨ててでも他の人たちを守らなければいけない部分もあります。「自分が逃げていい」という仕事ではないので、覚悟を持ってあたる人間でなければ鉄道員は務まりません。

これもよく生徒にも言いますが、車も、飛行機も、乗っている人はシートベルトをしています。しかし、電車にはシートベルトはありません。運転する人間もまず、回避はできないので、その場から即座に逃げられません。極端な話、大型車が横から急に線路に入ってきてぶつかったら、命を落としてしまう可能性もあるわけです。そういう仕事であることは理解しなければいけません。「憧れだけで務まる仕事ではない」と常に伝えています。

私自身も高校の時に鉄道員のインターンでは大変な場面を実際に見ましたし、職場に入ってからも「こんなにも乗客に罵倒されるんだ……」と痛感した経験は数えきれないほどです。こういった経験は、大学卒業後すぐに教師になったのではなく、実際に鉄道員という社会人をやってきたからこそ、今、生徒に教えられるのかなと思います。

岩倉高校の取り組み

●鉄道専門の高校ならではの体験

毎年運輸科2年生を対象に、京成スカイライナーに乗って、成田市場または成田空港交通の見学と車両基地・研修所を見学させていただく校外学習を行っています。成田空港交通はバスの会社で、そこでは交通安全的な側面での体験学習をします。バスを使用して、ドライバーからは死角があることや、急ブレーキをかけるとどのような現象が発生したり、制動距離がどれだけ必要かを見るのです。安全意識を持つために、他の公共交通機関の取り組みを知ることで、命を預かる責任ある仕事に就くための心構えを考える機会としています。また、バスの仕事を知ることは、バス会社にも業種理解につながるなどのメリットがあります。その後は電車の車両基地に行き、整備の現場や、運転士の養成をしている研修所を見学します。本校卒業生が案内をしてくださったこともあります。そして帰りは専用貸切列車を運転していただき、その車内で京成電鉄の技術系職種で勤務されている方々から、それぞれ担当されている仕事についてお話をしていただきました。

こういった機会に、「鉄道員は運転士や車掌だけではないよ」「こういう仕事もあるよ」と、知ってもらうようにしています。高校の3年間で、さまざまな体験を通して、視野を広げてほしいと思っています。

先にも述べましたが、小田急電鉄でアナウンス研修を実施しました。我々も車掌になる時には放送に関する研修がありましたが、この時は高校生向けの内容で研修を行っていただきました。全日空のアナウンス研修を受講した指導車掌が、座学と車庫の中に止めてある回送列車で指導をしていただきました。

多い時には3000人ほどのお客様が乗車している車内にて、話し方や伝え方、間の取り方、声の出し方、最適な速さなどを教えていただきました。鉄道のアナウンスは短くコンパクトにまとめなければいけません。停車する間際の短い時間に伝えなくてはいけない内容や、NGワードなどを教えていただきました。

今は通常時は自動放送になっていますが、異常時には放送による案内が必須となります。生徒たちには、短く的確に要点を伝えるスキルを学んでもらいました。そのスキルは、就職や進学の面接で志望動機などを伝える時に必ず役に立ちますし、さまざまな場面で必要なスキルになると言えます。

生徒たちはこの研修を受ける前に自分のアナウンスを一度録音しておくのですが、研修が終わったあとにもう一度録音して聞いてみると、習ったことを実践したことで変化がわかるのです。自分が変わったなと思える研修になったと思います。また偶然、研修の最終日に入れ換え車両を担当していたのが私の教え子でした。生徒たちも偶然、高校の先輩が電車の運転をしているところを見ることができ、私も教え子が仕事をしている姿を見ることができ、その成長を嬉しく思いますし、こういった出会いが仕事のやりがいにもなっています。

●産学連携など鉄道以外のイベントも盛り沢山

まったく知らない業界の人と出会うことも面白いものです。私もコロナ前までは経営者の方々と交流する場所に参加していました。私が行くと「なぜ学校の先生がいるんですか？」と思われたりもしますが、このような場で仲良くなった方と産学連携のプロジェクトを行うこともあります。最近では左記のようなプロジェクトを実施しました。

●駅での演奏イベントや鉄道イベントを開催

２０２２年は鉄道開業１５０年という節目の年でありましたので、ご近所にあるＪＲ鶯谷駅が１１０周年となり、記念イベントとして本校の吹奏楽部が演奏しました。以前は上野駅で演奏していたのですが、ＪＲ鶯谷駅での演奏も地域の方々にご参加いただき、喜んでいただくことができました。また、ＪＲ秋葉原駅では「鉄道開業１５０年鉄道イベントｉｎ秋葉原」と題して、鉄道模型のジオラマ展示や鉄道に関する資料の展示を行い、予想以上のお客様にお越しいただくなど大きな成果を得ることができました。生徒にとってもさまざまなお客様との交流を通して新たな発見があったようです。

鉄道の駅は、電車が走っているだけではなく、地域の顔でもある場所です。もし将来自分が駅長になったら、周辺の企業の方とお付き合いをしなくてなりませんし、多くの方々とのお付き合いも必要となります。こうしたイベントを通して活動を広げられるのも鉄道の魅力であり、学びとして無限大です。

●上野駅周辺でゴミ清掃の地域貢献

隅田川を清掃しているグループと一緒に企画して、地域の方とゴミ清掃を行いました。電車を見ながらゴミ拾いをして、それが終わったら小さい子どもたちは本校にある電車のシミュレータや模型で遊べる企画です。有志で集まった生徒は17人ほど。生徒と地域の方々とゴミ拾いをして、生徒たちは不法投棄の現実を見るなど、とても勉強になりました。

子どもたちを遊ばせる準備は、また別の生徒たちが学校で行い、最後に本校に参加者を迎え入れてシミュレータなど体験していただきました。子どもたちも喜んでおり、参加された保護者からは、「普段はゴミを拾わない子が、今日はこれに参加したいからと言って、自分からゴミ拾いをしました」と言われました。このような地域貢献も、鉄道の学校だから可能であり、鉄道が人々の生活の中に浸透していることを感じました。

●渋谷エクセルホテル東急のジオラマルーム企画に参加

東急100周年記念ジオラマルームの企画も、人とのつながりの中で生まれました。私は鉄道関係の同年代で集まる会に参加していて、さまざまな鉄道会社の社員がいるのですが、その中の1人が東急の社員で、「岩倉高校でジオラマを作れないか?」と声をかけてくれ、渋谷エクセルホテル東急のジオラマルーム企画に参加することとなりました。

制作する中で、生徒がホテルのご担当者とやりとりをしたり、どのようなコンセプトにするかなど、部員同士でもさまざまな議論と試行錯誤を繰り返しながら制作を進め、東急100周年の記念すべき日にジオラマ部屋がオープンしました。自分たちの制作したジオラマを目の前にホテルスタッフの方々が喜んでいる姿を見て嬉しかったそうです。

そのあと、お礼として生徒たちがホテルで食事をさせていただいたく機会を頂戴しました。高校生にとって、ホテルでの食事はあまり経験することはないと思いますが、鉄道会社に就職してからホテルに出向する可能性もあります。接客などさまざまなことに興味を持つことが、これからの時代の鉄道員には必要です。そして、企業とさまざまなコラボレーションができる幅広さが鉄道にはあります。

本校の生徒たちには、こういった取り組みを通して学ぶとともに、将来的に鉄道会社の社員として自分たちの後輩が経験できるものを創り出せるような鉄道員になってもらえればと願っています。

●生徒が「この学校でよかった」と思う経験

ここ数年はコロナ禍で、コミュニケーションを取る機会が少なくなっており、このような環境で学生時代を過ごした生徒たちがこれから現場に出ていくことになります。その点は大丈夫かと心配はあります。やはりリアルな経験や、外に出る経験が大事です。なんでもよいのですが、悔しい思いをしたり、失敗をしたりという経験があるかないかで、生徒の成長は大きく変わります。以前は学校でもオリエンテーション合宿などがあり、先生に怒られたり、仲間と協力して共通の目標を達成した経験ができましたが、今はそれもできなくなっています。行事も少なくなり、経験が不足していることが少し気になります。
また、インターンシップもコロナの影響や、採用数の減少の影響で減っています。仕方ないことではありますが、だからこそ高校3年間の中で自分を成長させる経験をしてもらいたいとあれこれ考える日々です。

高校の時に学校以外で経験することは、今後の人生に大きな財産となります。そこから大学を決めるパターンもありますし、本校でいえば女子で鉄道に行く生徒は、普通科の生徒が多いのです。そういった生徒たちは、鉄道に興味があったから本校に来たわけではありません。鉄道のインターンシップは普通科でも行いますので、そこで鉄道に目覚める女子生徒もいます。過去には、普通科の生徒がインターンシップ先で具合が悪くなって倒れたことがありました。その時に駅員の方々に親切に対応してもらい、「自分もこういう仕事をしたい」と思ったそうです。その後、その生徒はインターンシップ先の鉄道会社に入社し、信号担当として活躍しています。

どこで転機が訪れるかはわかりません。私自身も偶然が重なり今の仕事を通して鉄道と関わらせていただいています。逆にこういった時代だからこそ、明確に何かを目指すことでなくても、経験をすることで変わってくることがあるでしょう。本校で実施している工務系のインターンシップも、「こういう仕事もあるんだ」「こういう仕事もいいかも」と知ることによって、技術の勉強をしていきたいと思うかもしれませんし、進学希望の生徒はそこで学校選択も変わるかもしれません。

私の教え子が言っていたことは、本校を卒業して一番よかったのは、同じ業界に就職した仲間がたくさんいることだそうです。卒業生同士、苦労をわかり合えることが、支えになります。運転士になるには相当の勉強をしなくてはいけませんし、試験に落ちたらどうしようというプレッシャーもあります。それを越えた先輩がいて、その話を聞くことで安心できる面もあります。当然、私も生徒たちに体験談を聞かれることがあります。

運転は1人の作業ですが、それでも守らなければならないダイヤがあり、他の人たちと一緒に協力しながら働く職業です。ひとりよがりではダメですし、お互いに気を遣うことも必要です。人とのつながりを大事にして、苦労をともに乗り越えていくことが求められている仕事だと思います。私も運転士時代に人身事故やミスをしてしまったことがあります。その時に声をかけていただき、さまざまなアドバイスをいただいたことを、今は生徒や卒業生に還元していければと思います。

5章
これからの鉄道員

グローバル化する鉄道業界

以前からＪＲ東日本など日本の鉄道会社は、海外への技術協力や車両設置などの事業に携わっています。東京地下鉄（東京メトロ）でも、ベトナム国ハノイ市に都市鉄道コンサルティングを行う現地法人を設立するなど、鉄道会社による海外進出は今後も増えると考えられます。さらにマニラ首都圏地下鉄事業として、総合車両製作所が車両生産の受注をするなど、鉄道車両メーカーも海外への鉄道事業に注力しています。

他にも、ある鉄道会社ではオーストラリアにて大規模住宅地開発に着手するための会社を設立するなど、鉄道以外での経済活動を目的とした事業拡大を進めています。これまでも海外への観光プロモーションを強化するため、海外に拠点を設けて訪日客のさらなる誘致を図っていました。また、台湾やインドネシアへ日本への観光誘致のプロモーション活動をするなどの活動も行われていました。近年は新型コロナウイルスに影響した訪日観光客の減少によって、誘致活動は縮小傾向になってしまいましたが、今後は日本にも外国人観光客の方が戻ってくるでしょう。

　その対応として、ＪＲをはじめとする鉄道会社では、車掌や駅係員による英語放送の実施や、鉄道会社の採用試験で英語の問題が出題されるようになりました。内容としてはそれほど難しいものではありませんが、時代の変化とともに、外国人講師による授業が必修科目となるなど、高校教育でも英語学習は重要視されています。そして小学校でも英語教育が必修化されました。今後は鉄道員としての英語能力が必要不可欠な時代がやってくることが予想されます。

　最近ではＪＲ東日本が『現場で役立つ鉄道ビジネス英語』という本を出版し、これまでの海外鉄道プロジェクトで蓄積してきた海外鉄道ビジネスの現場で役に立つ英語に関する知識やノウハウを公開しています。さらに国土交通省は、日本の鉄道システムの海外展開を推進するため、「インフラシステム海外展開戦略２０２５」、「国土交通省インフラシステム海外展開行動計画」等に基づき、関係機関とも協力するなどさまざまな取り組みが行われています。

〈鉄道の海外展開の例〉
・台湾新幹線の人材育成（２００３年7月～２００４年12月）
・インド高速鉄道の人材育成（２０１６年12月～）
・タイ バンコクの都市鉄道メンテナンス事業（２０１３年12月～）
・インドネシアなど東南アジアへ車両譲渡事業と技術支援
・タイ、フィリピンで行う海外旅行博へ出展（２０２０年）

以前より異動が増えた鉄道員の仕事

採用区分も今までは駅は駅、車両は車両といった形で分かれていましたが、駅業務と技術系の2つに分けた採用が増えてきました。技術職として一括で採用され、車両整備に配属されるか、電気や保線に配属されるかは入社してから決まる場合もあります。以前は、それぞれ専門性を持った業務内容として最初から職種ごとに分類されていましたが、技術職として枠を大きく取り、それぞれの希望や適性、会社の実情に合わせて配属をするパターンもあります。また、ゆりかもめ（東京臨海新交通臨海線）のように「鉄道総合職」として採用され、電気・車両・施設・駅務・総務などいろいろな職種を経験するパターンもあります。

ＪＲ東日本やＪＲ東海では、乗務員の仕事を経て、駅の営業係として戻ってくるというライフサイクルもあります。例えば駅採用の場合、次は車掌、次は運転士、次は駅業務というような異動のサイクルがあります。もちろん会社によって異なる部分もありますが、近年は同じ職種を続けるよりも異動によって新たな経験をしてもらうことで、業務への理解を深めるといった意味もあるようです。鉄道会社に限らず、どこの会社にも異動をありますが、現場で勤務していた方が本社での事務業務を行うなど、仕事内容が大きく変わるのも鉄道会社の特徴かもしれません。

また、同じ鉄道会社でもどのような事業を手掛けているかによっても仕事内容は変わります。例えば東急電鉄の場合、駅で勤務していた人が仙台空港に出向されました。仙台空港の運営を東急電鉄が行っている関係で、このような異動もあるのです。小田急電鉄であれば多摩都市モノレールなどの関連会社への出向や、鉄道会社から官公庁などの行政機関や他の鉄道会社への出向もあります。また、パスモ（ＰＡＳＭＯ）に各鉄道会社から出向するなどの人事交流も盛んに行われています。特に会社の組織が大きい場合は、まったく違う仕事をする機会は多くなります。鉄道会社に入社しても、鉄道とはまったく無縁の仕事をやることになるかもしれませんが、多様な仕事も経験できるのが鉄道会社の魅力かもしれません。

最近では高卒者も駅以外への配属も

高卒でもＪＲ東日本やＪＲ東海では、運転士を務めたあと、指令所や車掌や運転士の養成所、さらには人事課などに異動することがあります。本校のＯＢも多くの方がさまざまな職種を経験されています。これからの鉄道員は、さらに多様な仕事をすることが求められるでしょう。私が就職担当をしている中でも、以前は運転担当だった方が人事担当や営業担当になったり、マンション販売の部署だった方が人事課長になることもありました。実際に私が運転士をしている時に車掌として組んでいた同期は、試験を受けて指導者になったあとに人事部に異動し、学校と会社という立場となって私と採用関係のやりとりするようになりました。本当にさまざまなパターンがあります。

逆の言い方をすれば、どのような仕事でもできるスキルを持つことが求められるようになりました。もちろん鉄道の運転などに関しては専門性の高い「テクニカルスキル」が求められますが、職種の専門性以外に、業種や職種が変わっても持ち運びができる職務遂行上のスキルである「ポータブルスキル」が求められます。

厚生労働省では、以下のスキルをポータブルスキルとして挙げています。

〈仕事の仕方〉

・課題を明らかにする力（現状の把握、課題の設定方法）
・計画を立てる力（スケジューリング、タスク・関係者整理）
・実行する力（実際の課題遂行、状況への対応）

〈人との関わり方〉
・社内対応力（上司・経営層からの指示への対応力や提案力）
・社外対応力（顧客・パートナー企業との関係構築や継続）
・部下マネジメント力（部下の指導や評価）

興味があるものが電車ばかりというのでは、これからの鉄道員の仕事は務まりません。私の高校の先輩で以前は運転士をされていましたが、今はイベントの企画やふるさと納税の返礼品の開発、さらに駅で販売するものを地域や企業と一緒に開発する仕事をされています。地域の方から愛され、ファンをどのように作り上げるかなど、鉄道を軸にしたブランディングもされています。与えられたフィールドでいかに自分の強みを出せるのかが鍵となります。これからの鉄道員として生きていくためには、鉄道と鉄道以外の幅広い視点とノウハウを持っている人が求められているように感じます。

鉄道会社の広がるビジネス

近年は鉄道会社も多様化し、運輸以外のさまざまな事業を手掛けています。ここでは、鉄道会社およびグループ会社のビジネスの例を紹介します。

◎JR東日本グループ

・アトレ、ルミネ、テルミナ、エキナカなど駅ビル店舗事業
・JR東日本ビルディングなど不動産事業
・ホテルメトロポリタン、GALA湯沢スキー場などレジャー事業
・その他広告事業、クレジットカード事業など

◎京成グループ

・京成ストア、京成バラ園など流通業

・京成不動産、京成ビルサービスなど不動産事業
・オリエンタルランド、鋸山ロープウェー、京成トラベルなど旅行・レジャー事業
・京成建設など建設業
・その他自動車教習所運営、クリーニング業、ベンチャーキャピタル業など

◎東急グループ
・東急ストア、東急百貨店など流通業
・東急不動産、渋谷駅再開発（渋谷ヒカリエ）など不動産・都市開発事業
・東急ホテルズ、109シネマズ、東急セブンハンドレッドクラブ（ゴルフ場）などレジャー事業
・その他空港運営事業、ガス電気事業、情報インフラ事業、セキュリティ事業、ベトナムでの都市開発事業など

◎**東武グループ**

・東武ホテル、東武動物公園、東武ワールドスクエア、東武スポーツクラブ、朝霞カントリークラブなどレジャー事業
・東武百貨店、東武ストアなど流通業
・東武不動産、東武タウンソラマチ（スカイツリータウン）など不動産事業
・その他、ビルマネジメント事業、太陽光発電事業など

◎**西武グループ**

・西武新宿ペペ、Ｅｍｉｏなど流通業
・プリンスホテル、西武秩父駅前温泉 祭の湯、西武園ゆうえんち、狭山スキー場、西武園ゴルフ場などレジャー事業
・西武フィットネスクラブ、アイススケートリンク運営などスポーツ事業
・ベルーナドーム、上里サービスエリアなど施設運営事業
・その他、ペットケア事業、ワーキングスペース事業など

技術職のニーズが高まる傾向に

列車の運転も、私が運転士だった頃からもだんだんと変化してきました。ワンマン運転も増えています。そして自動化も進む中で、これからは運転士の技術がどこまで必要とされるのかは正直わからない部分でもあります。運転士、車掌など、必ずしもみんながなりたい仕事が残るとは限らないかもしれません。ただ「電車が好きです」だけではなく、いかに鉄道に対していろいろな形で情熱を向けられるかが、これからの鉄道員に求められるスキルだと思います。

今までの歴史の中でも、昔は駅員が切符を切っていて、電車も食堂車があって、それに関連する仕事があり、多くの人手が必要でした。しかし、時代の流れとともに自動改札に変わり、食堂車も廃止され、駅員も少なくなりました。今は駅によっては改札口に人が配置されておらず、呼ばれたら駆けつけたり、遠隔操作で対応するといった場所が増えています。大きな駅と小さな駅でも違いはありますが、全体としても2、3名で業務を行っている駅が多くなりました。中には1名で勤務し、休憩の時には近隣の駅から1名が来て、休憩時間に交代するというパターンもあり、できる限りの省力化が行われています。

切符も、以前は券売機がたくさん並び、担当者が配置され、1つ1つの機械の締切作業を人が行っていました。今ではオンライン上でお金の流れがわかるので、現金自体を扱いませんし、券売機そのものも減らしています。定期もネットや券売機で買えますので、窓口もあまり必要ではなくなってきています。京王電鉄などは最近、窓口を減らし、証明書をかざせば認証されて定期が買える券売機も設置しています。そういった機械を新しく作ったとしても、窓口の人件費がかからないので、結果的に鉄道会社は安くあがるということになります。この20～30年でも職種が変わってきていますので、これからも時代の変化に合わせることが必要になるでしょう。

ただ、インフラの部分は決してなくなることはないので、技術的な職種にはあまり変化はないのではないかと思います。施設や車両のメンテナンスは絶対に必要ですから、これからはこのような仕事が鉄道の中ではメインの仕事になるのではないでしょうか。自動化によって技術職の需要は増えると思いますし、職種としてはそういった仕事が多くなることが予想されます。

車掌から運転士へのキャリアパスも変化

従来はほとんどの会社で駅員として採用され、入社後に一定の駅係員勤務の経験を経て、社内での車掌見習の登用試験に合格し、車掌を経験してから運転士見習の試験に挑戦するのが主流でした。ところが最近では、ＪＲ東日本では運転業務駅業務を専門に行う会社によって、改札やみどりの窓口を運営し、運転業務は行わない会社もあります。

一方で、「乗務職」という職種での採用は、基本的に運転に携わる仕事をすることを条件に採用され、駅の仕事に従事したあと、車掌や運転士見習の登用試験を受けて、早くから運転の仕事に就くという形態も増えました。

さらに、「鉄道総合職」で採用され、駅勤務とは限らず会社が決めた職種に就き、その後に運転業務に携わるなど、多様な登用方法も出てきています。一般的にイメージされるような車掌から運転士というシンプルなキャリアパスだけではなくなりました。

それ以外にも、車両整備の仕事の中で、構内限定免許だけでなく、電車運転士として動力車操縦者運転免許を取得して運転士となり、一定期間勤務したあと、そのノウハウを生かした車両整備の仕事に戻るというパターンも出てきました。他にも事務職や関連会社の非鉄道部門へ配属されるなど、「運転士がゴール」というイメージはもはや薄れつつあるといえます。

進む女性採用

ＳＤＧｓなどの流れもあり、女性を採用する意向は、どの会社も強くなっています。鉄道業界でも管理職に女性が登用され、駅長や区長などにも女性が着任されるなど珍しくないです。また、駅員や乗務員も女性が多く採用されるようになり、10年前と比べて女性が鉄道の現場で活躍されています。これは技術系の職種でも女性の進出が進んでいます。

もともと鉄道は、戦後に男性の職場として長い間運営されてきました。そこで女性を採用するには、施設の整備が急務となりました。予算や採用人数の関係からなかなか進まない部分もあり、技術系などでも設備の問題でどうしても受け入れができない職場もあります。仮眠室は男女で部屋を分ける必要があり、セキュリティ対策も必要となります。またスペースに限りがある場合もあり、大規模な改修が進まない場所もあるようです。

本校も運輸科には女子生徒は少ないのですが、普通科は3分の1が女子生徒で、先に述べたように鉄道業界へ就職する生徒もいます。普通科の生徒も鉄道会社でのインターンシップには参加しているので、その経験から「鉄道に行きたい」と希望して鉄道への道が開けることもあります。

変化の中で必要とされる人材

これまでの話から、今後、鉄道の仕事は募集が少なくなることを危惧している方もいらっしゃるかと思います。しかし、採用がなくなることはありません。ゆりかもめなどの新交通やリニア新幹線など、ワンマン運転化や無人運転化が増えていることは事実ですが、日本の鉄道の都心部での高密度・高速度・高定時性の中で品質を維持するためには、「人」の介在が不可欠です。異常時の対応や日々のメンテナンスに、やはり人は必要なのです。

自分がどのようなところに興味を持つかで、可能性は広がるのではないかと思います。意外なところで、持っている資格や経験が活きることがあるかもしれません。中学生や高校生の頃にどのような経験をするかが重要になります。鉄道の仕事に限ったことではありませんが、まずは自分自身が何をやろうとするかが大切です。

例えば広報の仕事であれば、どのような発信をするかを考えなくてはなりませんし、プレゼンテーションの力も必要です。現在はタブレットを使う授業が多く、どの学校でもプレゼンテーションを取り入れた授業は増えています。デジタル上で伝えるスキルもそうですし、リアルな話し言葉で伝えるスキルも必須です。「どう伝えるか？」を考えられることが、必要なスキルになるでしょう。これからは本当に「駅や整備だけやればよい」というものではなくなると思います。鉄道ばかりではなく、さまざまなことに興味を持たなければいけない時代となってきました。

リアルな体験がその後の人生を変える

2022年の夏に、東京メトロ×クラブツーリズム×岩倉高等学校共同企画「親子で社会科見学! 千住検車区～鉄道学校 鉄道三昧ツアー」と題してイベントを開催しました。事前に東京メトロの研修所を訪問し、東京メトロについての学習を行い、参加者の方から質問されても対応できるようにしました。当日は親子の見学者を生徒がアテンドし、車庫見学をしてもらいながら生徒たちは自分が勉強した内容を話してもらいました。また併せて本校の見学ツアーも行いました。

東京メトロの本社は本校と同じ上野にありますので、地域連携ということで、こういった取り組みが実現しました。東京メトロには岩倉高校のOB・OGもたくさん勤務されています。このような実際に商品として発売されるイベントのスタッフとして仕事をすることは、リアルな体験として高校時代の忘れられない思い出となり、将来の進路選択や仕事をする上での学びにもつながる貴重な機会となるでしょう。そして、台東区役所にて事後報告を行い、観光資源として鉄道が持っている価値を伝えることができました。

こういった活動を学校サイトなどで発信すると、「サイトを見て問い合わせたのですが」と、協力依頼が来ることが増えてきています。

鉄道開業150年を迎えて

鉄道開業150周年の2022年はイベントも数多くあり、本校にも多くの依頼がありました。このような広がりができるのも鉄道の魅力といえるかもしれません。逆に、ここまで人のつながりや事業が広がる業種は、あまりないのではないでしょうか。観光や地域と深い関係があり、さらに専門の博物館も数多くある業種は、他を見てもなかなかありません。多くの可能性を持っている鉄道に携わる人材は、その「鉄道の」というところを、いかに広げられるかが大事なことかと思います。

今後はますます、観光、技術、歴史、地理など、さまざまな切り口で事業は成り立っていくでしょう。駅員や乗務員、技術員として乗客の安全を守ることはもちろんのこと、サービス業であることを改めて意識し、乗客に対して良質なサービスとホスピタリティの意識を持つことが重要です。駅と駅、街と街、人と人をつなぐと共に常に新しい方法や改善策を考える「チャレンジ」することが求められます。

多様なものに興味を持てるかどうか。これからの鉄道業界を目指す人には、そのことが必要とされていると強く感じます。学生時代だけではなく、大人になってもそれは変わりません。時代によって車両も技術も移り変わります。変化があるものを、興味を持って勉強し続けられる、そんな鉄道員が、次の「鉄道開業200年」に向けて求められるのではないでしょうか。そして、さまざまな変化に対応できる能力を備えるとともに、何に対しても安全を追及することが「鉄道員という生き方」そのものではないかと思います。

おわりに――いつでも鉄道員になれる！

鉄道にはさまざまな仕事があり、その中で必要とされる様子や資格が求められる一方、私のような高校教員として鉄道に関わる方法などもお伝えしました。私としては、鉄道には常日頃から無限の可能性が秘められていると考えています。

例えば、歴史という観点からは、鉄道建設に尽力した本校の校名にも由来する岩倉具視公が日本の鉄道の敷設を計画した頃から、鉄道とともに社会や経済の発展が進みました。また、かつては沖縄にも鉄道があったにもかかわらず、戦争によってすべてが破壊され、廃止届すら出されていないことなどを知ると、鉄道の奥深さを感じることができます。

また、地理の観点からは、どのようなルートで敷設していたかを調べることによって、革新的技術のすごさを改めて知ることができます。加えて、飛行機と異なり、鉄道は普段の生活の中で利用しやすい側面を持っていますが、鉄道の利用者数が減少し、廃線を余儀なくされるなど、人口減少や高齢化などの社会問題にも目を向けなければなりません。

このような現実の中でお伝えしたいことは、「鉄道員という生き方」は、いつでも誰でも始められるということです。例えば、運転席の後ろで走行の様子を見ることも立派な鉄道員といえます。鉄道が走ること、働く人に関心を持ち、鉄道について知ろうとすること。これも立派な鉄道員といえるのではないでしょうか。

そしてこれまでも、さまざまな鉄道会社で公募による社長が選任されています。今までとは異なる環境で仕事をされてきた方が、そのご経験をもとに覚悟を持って新たな改革に乗り出されていることは、周知の事実であります。

そう考えれば、どのようなルートからでも鉄道員という生き方はできるのです。安全に運転するための車両や施設の技術に関する内容から、地方創成や観光事業を考える。商品開発や新規事業を創出するなど、鉄道員の仕事には、大きな可能性とチャンスがあると感じています。つまり、いつからでも鉄道員という生き方は実践でき、そういう意味では、非常に門戸が開かれている分野であると思います。

私も鉄道員という生き方を選んで、早25年。喜びと悲しみを繰り返し、時にはまったく違う仕事をした方がよいのかなと思うこともありました。それでも多くの方々にご指導とご助言をいただき、鉄道員から鉄道の教員になるお話をいただいた時に、反対もせずに背中を押してくれた妻の存在は心強かったです。これまでに培ったノウハウや考え方を活かししつつ、成長していく生徒の夢の実現に向けて教員の仕事をすることが、私自身の鉄道員という生き方であり、そして唯一無二の存在となれるように、少しでも貢献できればと思っております。

あるイベントのあとに、手伝ってくれた教え子と飲む機会があり、鉄道員として経験したいろいろな話をしてくれました。それは私にとって貴重な学びであり、教員と教え子の関係ではなく「鉄道員の同志」として対話できることが、何より嬉しい瞬間であります。そして、鉄道員の横のつながりで、新たな挑戦や取り組みが行われることで、これから鉄道員として生きていきたいと思ってくれる方が増えることを願っています。

約50年後の2072年。鉄道開業200年には、鉄道がどのように進化しているかは、正直、わかりません。私自身もこの世にいるかわかりませんが……。次の節目でも、多くの方々が鉄道に興味や必要性を感じ、鉄道員という生き方が残っていることを願うばかりです。
最後に、この本を制作するにあたり、長い時間を費やして、ご尽力いただいた株式会社イースト・プレスの渡邊亜希子さん、学校を通じてご協力いただいている鉄道会社の皆さま、そして本校卒業生をはじめ、鉄道業界、その他関連するすべての皆さまにさまざまなご協力をいただきましたことを心より感謝申し上げます。そして何より、安全安定輸送にご尽力されている鉄道員の皆さまに敬意を表し、おわりの挨拶とさせていただきます。

大日方樹

参考・引用文献

『関西人はなぜ阪急を別格だと思うのか』伊原薫(交通新聞社新書)
『鉄道員になるには』土屋武之(ぺりかん社)
『鉄道総論 岩倉高校鉄道教科テキスト』岩倉高等学校鉄道科
『鉄道の仕事まるごとガイド』村上悠太(交通新聞社)
『鉄道を支える匠の技 訪ねて歩いた、ものづくりの現場』青田孝(交通新聞社新書)
『電車を運転する技術 安全、定時、快適な運転の秘訣』西上いつき(SBクリエイティブ)
『仕事発見! 駅で働く人たち しごとの現場としくみがわかる!』浅野恵子(ぺりかん社)
厚生労働省ウエブサイト
国土交通省ウエブサイト
東京都交通局ウェブサイト
東洋経済オンラインウエブサイト
新交通ゆりかもめウエブサイト
西武鉄道キッズウエブサイト
相鉄グループウエブサイト
総合車両製作所ウエブサイト
東急テクノシステムウエブサイト
東武鉄道キッズサイトTOBU KidsウエブサイトTOBU Kidsウエブサイト
明電舎ウエブサイトウエブサイト
JR東海ウエブサイト
JR東日本ウエブサイト

イースト新書Q

Q088

鉄道員《てつどういん》という生《い》き方《かた》

大日方樹《おびなたいつき》

2023年1月20日　初版第1刷発行

発行人　永田和泉
発行所　株式会社イースト・プレス
東京都千代田区神田神保町2-4-7
久月神田ビル　〒101-0051
tel.03-5213-4700　fax.03-5213-4701
https://www.eastpress.co.jp/
ブックデザイン　福田和雄(FUKUDA DESIGN)
印刷所　中央精版印刷株式会社

ISBN978-4-7816-8088-0